あなたの夢をかなえる
「おうちシュシュ」の魅力

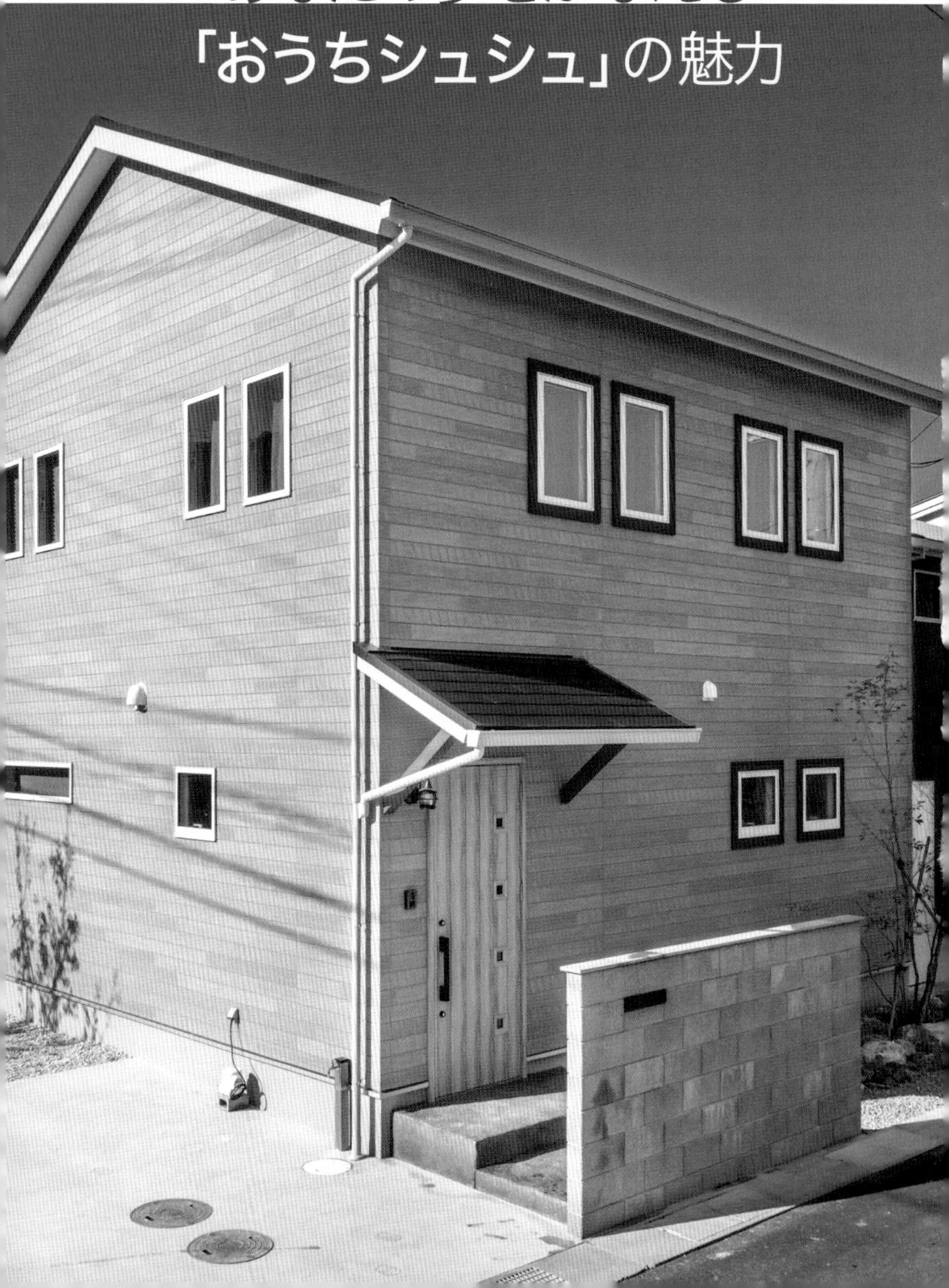

「おうちシュシュ」で夢が実現！

賢く建てる家づくりガイドブック

オシャレな家はママ目線から！

大﨑建築代表
大﨑 光彦

知道出版

はじめに

その日まで、私は大阪で建築を勉強しながら学費のためにバイト、バイトの日々を過ごしていました

１９９５年1月17日の明け方でした。

まだ寝ている身体に、いきなりドーンと突き上げるような揺れを経験しました。それは今まで経験したことのない揺れ、地震だとわかるのに数秒、時間がかかりました。

揺れはしばらく続き、どのくらいの時間が過ぎたかわかりませんが、数分でなくて数十分のような気もしました。

狭いアパートの部屋には、棚の中のものが扉の中からバラバラと散乱してしまい、揺れがおさまると足の踏み場もない状態でした。かろうじて空いた窓からは、いくつか煙が立つのが見えました。

テレビをつけると、しばらくして変わり果てた街の風景が映っていました。私の脳裏に、ふと高知の両親や古くなった実家が浮かびました。

阪神淡路大震災、あの悲惨な災害。

それは私にとって建築の原点でもありました。「建物」にとって、もちろんデザインも大切ですが、耐震耐久性は基本の基本です。


高知に戻り、私が勤務した建築設計事務所は、大型医療施設、大型商業施設、または魚市場など大きな建物の仕事が多いところでした。日々、現場と図面のにらめっこや一日10本ほどの電話応対の日々でした。

そんなある日、私にとって衝撃的な事件が起こりました。私のみならず、とくに耐震を重要視する建築士にとっては、開いた口が塞がらないような事件です。

それは首都圏のとある建築事務所が、耐震設計のための構造計算を偽装したのです。耐震構造計算偽装とは、簡単に言えば震度6くらいでビルが倒れるかもしれない、という大変な事件でした。そんな建物が全国に点在していたのです。

余波は日本全国に広まり、マンションや大型施設などのオーナーから、また官公庁からの令により、すでに建築した建物を再度、構造計算の見直しを求められたりする依頼も増えました。そしてその年、福岡県西方沖地震が起き、地震に対する建物の耐久性そのもののルールも変わったのです。

私は耐震構造やその計算に詳しかったことから、仕事は山のように増えていきました。もちろん、私の勤務していた建築事務所も私も、耐震構造計算の偽装などしてはいなかったのですが、上からの指示では仕方ありません
す。

当時はソフトが今とは違い、計算機を使い計算することが多く、ある意味、アナログでない日々で、場合によっては電話帳の厚さほどの計算書も作りました。数か月は全く休みの取れくる日もくる日も計算と数字のチェックです。新しいお客様の設計依頼もどんどん重なり、超多忙を極めました。目はカスみ、段々と数字が見えなくなり、肩や首はパンパンに硬くなり、当時はまだ結婚して間もない頃でしたので、家に帰ると小さな長女はいつも寝ている時間です。

「今日も遅かったねぇ。大変やねぇ」

妻の気遣いがとても痛く感じられました。

年末の帰り道、暗い夜道を歩きながら、

「今日も遅くなったわぁ」

生まれたばかりの娘の寝顔しか見られない日々。

毎日、娘と遊ぶのが楽しみだったのですが、いつのまにか、その時間すらなくなっていました。


そんな初夏のある日。

子供が39度の熱を出し、妻も微熱を出したというメールを受け取りました。早く帰ろうとしましたが、なかなか帰宅を切り出せなくて、家に帰ると20時を回っていました。幸い娘は突発性の発疹で大事にはいたりませんでしたが、子供を病院に連れて行ったという妻も37度台の熱を出してこらえていました。

まして、初めての子供の高熱、妻は大変だったと思います。

「ごめん」

「かまんで、大丈夫やき……」

大丈夫でないことは観てわかりました。

「いや、ごめん」

私は恥ずかしながらその時、涙をこらえることができませんでした。

なんて情けない父親なんだろう。

涙をこらえられない私に妻が言いました。

「帰ってきたくないわけやないがやもんね。

ただ、一つお願いがあるがやけど。そろそろこのマンションも狭いき。

夫婦がおって子供がおって楽しくおられる家、欲しいから造ってや」

情けなくて、ありがたくて、うれしくて、私は何度もかぶりを振ってうなずきました。


時として、男は自分の夢を追いかけたり、家庭より仕事を優先したりします。

家庭を顧みずに自分勝手な生き方をします。

しかし、それは絶対に間違っています。たしかに男、夫、父親は一生懸命、仕事をして家族を養うことは役目です。しかし、女、妻、母親はもっと大変な役目をしています。

家庭で炊事、洗濯、掃除をこなし、時には外で働いたり、出産をし、子供を育てているのです。家庭によっては、親の介護もあります。それらは家庭にいる女性がすることがほとんどです。

そう思うと、一生のうち妻、女性が家庭とともにある時間は男の比ではありません。

私はそれから、実家の工務店を継ぐことを決意しました。そして、昔からある家の概念を根本的に変えることを始めました。それは「家は家長が決める」というような風習や考え方を改め、家に一番長く居る、妻、女性のための家を設計し造ることです。

もちろん、家族全体のご意向もあると思いますが、女性が使いやすいこと、女性が望むことを反映して家を造ることが、結果的に住み心地の良い家になるはずです。

当然ながら、我が家も妻の希望を90パーセント取り入れて造りました(私の意見は10パーセントほど聞いてもらいました)。

2020年7月現在、社会はコロナ問題で迷走している時です。しかし、だからこそ、家族が安心して住まえる空間が必要なのではないでしょうか。

〝家は家族を包む、ふんわり心地のイイお気に入り〟

〝家はパパからママへの最大の感謝〟

私たちはこんなテーマで家を造らせてもらっています。

本編では、建築ですから専門的な言葉もあり、少々堅い本かもしれませんが、正直に書いた本です。よろしければ、みなさんの家づくりの参考にしてください。

そして、あなたのお気に入りにしてもらえれば幸いです

大崎建築代表取締役　大崎光彦

賢く建てる家づくりガイドブック―オシャレな家はママ目線から◯もくじ

第5章　よい家づくりの絶対条件とは

第6章　土佐から理想の家づくりを……155

あとがき　183

第1章

日本の住まいが残念な原因

日本の住宅の悲しい現実

日本の技術や文化が優れていることを外国人が発見するという番組を、近頃、テレビでよく見かけます。確かに日本には、優れた伝統文化、それを継承している職人さんがおられます。

建築の世界でも同様で……と言いたいところですが、残念ながら住宅建築の世界に限っては、それは言えないのが悲しく思います。

日本とヨーロッパでは、家づくりに対する考えが根本的に違います。

確かに寺社建築では日本独自の伝統工法により何百年、千年以上の建物があります。それは日本人として胸を張って誇ってもいいものです。

しかし、それはあくまでも寺社建築や伝統的な建物についてだけ言えることです。

日本の一般住宅だけに関して言えば、その技術力が活かされていません。

これから、どうして日本の住宅がダメなのか説明していきますが、世界の住まいづくりのレベルから言えば、下から数えた方がいいという低レベルである、ということを頭に入れておいてください。

ヨーロッパでは、住宅は資産であり、何世代にもわたって守っていく、という考えがゆきわたっています。

一方、日本においては、そのような考えはありません。日本の住宅の寿命は平均して26年と言われています。

それに対してヨーロッパでは、140年、アメリカでも88年と言われています。

これほどの差はどこから生まれてくるのでしょうか。

それは、国とハウスメーカーの家づくりに対する考えの違いにあります。

この点がわからないと、日本では一生住み心地のいい家を手に入れることは難しくなります。

日本では、高度経済成長の頃から大手ハウスメーカーが、こぞって住宅を提供し、誰もがマイホームの夢を実現できる時代が来たと喜んでいました。このバブルの時代に住宅の粗製乱造《そせいらんぞう》が加速したと言ってもいいと思います。

日本の風土を無視した、見てくれがいいだけの家、新築から数年でメンテナンスしなければならないような事態を前提として、あたかも「雨風がしのげればそれでOK」というようなお粗末な家をどんどんと建てていったのです。

このような家は、建てた瞬間から中古物件として扱われ、当然のごとく、資産価値は大したものではありません。売却時には、建物は無価値、土地の価値しか見積もられません。

つまり、建った時から資産価値が下がりはじめ、年々下落していく家に住み続け、数年ごとにメンテナンスを入れなければ住めない家は、さながら金食《かね》い虫と言えます。

そんな家のために、何十年も高額な住宅ローンを払い続けなければならないというのは、悲しくありませんか。

この仕事に誇りを持っているプロの工務店としては、この現実にあきれるというよりも、悲しくなってしまいます

この酷い現実は、悲しいかな、まぎれもなく日本の住宅事情なのです。

住宅に対するプライドや意識というものは、地に落ちています。これは、おいおい説明

していきますが、大手住宅メーカーと国がグルになって作り上げた構造といえます。

多くの国民は、テレビや新聞、住宅情報誌などで名前が通った大手住宅メーカーの「国が定めた基準に適《かな》っていれば安心」という情報に洗脳されているのです。

海外の住宅事情を知れば知るほど、この国は、少なくとも住宅事情だけみれば、先進国ではなく、発展途上国であると言わざるをえません。

現代の工法の問題点

一般的に用いられている工法の問題点を説明いたします。

まずは、外壁に用いられている材質は、コンクリートのサイディングです。コンクリートの熱伝導率は高く、夏の炎天下に置かれたものは、表面温度で50～80度にまで達しています。熱伝導率が高いということは、逆に言えば、冬の外気が寒くなると外の低い温度も伝えてしまうということです。

夏の暑い日、外壁の表面温度が50度以上になったならば、部屋の中も暑くて敵わないので、冷房をガンガンきかせることになります。外が50度、部屋の中が25度とすると、壁のなかの境界では、温度差による結露が発生します。壁の中に断熱効果の低い素材を使っているような場合なら、間違いなく結露を起こします。冬の寒い日、窓ガラスがビッショリと結露していることがありますが、それが壁の中で起こっているのです。

近年の高気密高断熱の住宅であれば、壁の中の水分は蒸発しないで残ってしまい、建物の土台や柱を腐らせる原因となります。さらに腐蝕した部分は、ダニやカビの温床となり、アトピーやぜんそく、シックハウス症候群の原因となります。

コンクリートのサイディングを使用する場合、外壁には大量に使用し、そのジョイントにはゴムのコーティング材を使用して隙間を埋めます。ゴムなので温度の変化により伸縮を繰り返し、2、3年で劣化してしまいます。それを放置したままにすると、劣化してできた隙間から雨や湿気が浸入し、建物の構造を弱める原因となるのです。

スレート系の瓦《かわら》は重い陶器の瓦に比べて格段に軽いので多用されています。これを放っておくと雨漏りなどが起こり、補修の必要が生じます。ひどい時には、数年で屋根の葺《ふ》き替えが必要になる事態さえ起こります。

また、外部建材にアルミを使用することも、住宅寿命の短命化を引き起こします。かつて日本では、家の外部建材には木が使用されていました。アルミは木に比べて熱伝導率が高く、しかも気密性能が高いため、大切な通風が遮《さえぎ》られてしまいます。すると、やはり結露を起こしやすくなり、住宅を劣化させる原因となるのです。

メンテナンス費用が莫大にかかる日本の住宅

日本の住宅は、高額な住宅であれ、低価格な住宅であれ、その価格とは関係なしにメンテナンスの費用がバカにならないくらいかかります。今、新築で建てられた住宅は、わずか10年もたたないうちにメンテナンスが必要になります。

ですから日本では、リフォーム産業が盛んです。リフォームすることには誰も別段不思議に思いません。

しかし、それは日本に限った話です。海外にはリフォーム業界というものは存在しません。そのようなものは必要としないからです。

国と大手ハウスメーカーが一緒になって作り上げたリフォーム業界というものは、我々、施主様に満足いただけるように注文住宅を提供させていただいている者から見ると、トンデモないことなのです。恥ずかしいの一言です。

彼らにとっては、モノづくりの精神よりも、ただ儲かればいい、という拝金主義の流れに乗っているのです。

新築で大金を払っていただく。それから数年したら、メンテナンスのためにお金をいただく。一粒で二度も三度もおいしい想いができるのが、この住宅産業なのです。

これは、たまたまそのような構造になったわけではありません。

大手メーカーが仕組んだ戦略に基づいて出来上がったものなのです。

いつまでも壊れない堅牢《けんろう》な建物を作ってしまったら、次の仕事が回ってきません。それよりも住んで何年もしないうちに具合が悪くなるような建物であれば、確実に次の仕事を生んでくれます。

監督官庁の役人は、現場のことなど知りません。新築であっても「10年でメンテナンスは当たり前」と吹き込んでしまえば、そのように思い込んでしまいます。さらに定年後の天下り先になるかもしれない企業には恩を売っておかなければなりません。

必然的に国民のための住宅づくりではなく、官僚と大企業の利益のためだけの住宅づくりが日本のスタンダードになってきます。

海外の住宅業界では、日本のようなことはまず起こりません。

短い工期、工業化製品を使ったビニールハウスのような建物、入居して数年でメンテナンスしなければならないお粗末な構造。これは、日本だけにみられる特殊なケースです。海外の先進国では、こんなものは住宅とは認めないからです。

日本の常識は、海外の非常識なのです。

住まいは大量生産に向かない

　住まいというのは、元来、大量生産には向かないものです。誰もが顔が違うように、趣味、嗜好《しこう》というのも十人十色《じゅうにんといろ》、一人ひとり違っています。それぞれの家族によって、家に対する考えも違っているものです。だったら、家は100軒あれば、100軒ともそれぞれに個性というものがあってしかるべきです。

　ところが大手ハウスメーカーが建てる住宅は、どれも同じです。「自由設計」を謳《うた》っていても、実際には建物の造作はほとんど決まっています。すでに工場で大量に作っているわけですから、変えられるわけがないのです。せいぜいドアのデザインや壁紙の色、取っ手の形、門の形状といった大勢に影響のない範囲で選択できることを「自由設計」と称しています。

　全国どこでも同じ家を建てて、平気でいられる住宅会社がある国は、世界でも日本だけです。

住まいは本来、そこに住む人に合わせて建てられるべきものです。

私は、みんなカタチが違う、というのが本来あるべき姿であると思います。多くの方が一生に一度の家族の夢を実現するのが、住まいづくりです。

その夢を画一的なもので終わらせてしまうというのは、なんとも悲しいものです。

でも、これが我が国の現実なのです。

私は少なくとも、ご縁のあった施主様には、できるかぎり夢の実現のお手伝いをさせていただこうと思っています。もちろん大手ハウスメーカーさんのように年間で何万棟も建てることはできません。

でも私ができる範囲で、夢を実現できるお手伝いをさせていただいています。

大手が家を効率よく作れるわけ

我が国では毎年50万個の一戸建てが生まれているといわれています。それらが一つとして同じ建物はありません。似ているものはありますが、全く同一の建物は存在しないはずです。

土地の大きさ、形、向きなどが同一ではないのですから、それに合わせた建物はおのずから同一になるはずがないからです。

家は本来、大量生産に向かない商品のはずです。だから、大工さんが柱や梁《はり》に墨付けをし、ノミやカンナを使ってコツコツと建てるのが伝統的な家の建て方なのです。

大手ハウスメーカーは、もっと効率的に家は建てられないか、日夜考えました。「大量生産に向かない家という商品を効率よく作る方法はないものか」そのように考えて、この課題を解決したのが「プレカット工場」でした。

前身は、木材の粗加工していた製材所でしたが、１９８０年代にプレカット工場という言葉が使われるようになりました。当時は、まだコンピュータ・システムが導入されておらず、主に人の手作業が中心で、精度も荒く、ミスも多いものでした。

ところが2000年頃になると、全ての工程がコンピュータで制御されるハイテク工場となって、その威力を発揮させるようになりました。

精度そのものも手作業の数倍良くなり、なによりも大量生産を可能にしたのです。

工場では、CAD《キャド》（コンピュータを用いた設計）入力した一棟一棟異なる家に合わせ、情報どおりに材料をカットし、あとは組み立てるだけのキットとして、建築現場に運ばれるというわけです。

作業員は、仕様通りにカットされているかをチェックし、必要に応じて簡単な手直しをするだけで、あとはプラモデルでも作る要領で組み立てていくだけです。

何年も修業して身につける技術は必要ありません。ただ、図面どおりに作ればいいだけですから、現場監督一人と作業員数人で、あっという間に建てられるのです。

通常、大工さんであれば一カ月はかかった木材加工の作業が、2、3日で終わらせられます。どれほど複雑な設計であっても、淡々と加工していきます。

木材も大量に仕入れられ、工賃も安くなることから、生産コストは劇的に下がります。

こうして効率よく、安く、早く家が建てられるというわけです。

ここには、人間が介在するのはＣＡＤの入力くらいです。しかも、さらにコスト削減のために、ＣＡＤ入力を中国で行う工場もあります。

こうした効率主義は、決して住宅の品質を保証するものではありません。

大手の設計はオペレーターが行っている

大手ハウスメーカーに住まいを依頼するとします。

みなさんはモデルハウスを見て、こんな家に住みたいと思うでしょう。モデルハウスの設計をしたのは、もちろんハウスメーカーの設計士です。

当然、自分の住む家もハウスメーカーの設計士の手で設計されると思われるでしょう。

土地の大きさ、立地条件、周辺環境、気候などの条件を加味して設計されるものだと当然思います。

ところが設計するのは、設計士ではなく、オペレーターなのです。

オペレーターというのは、自社のコンピュータで家をデザインする人のことです。あらかじめ必要なデータはコンピュータに内蔵されています。基本データからアレンジに必要なデータまで揃っていますから、全くの素人でも数カ月の訓練で、設計のようなことができてしまいます。彼らはオペレーターではなく「プランナー」と呼ばれます。

コンピュータの中には必要なシリーズの基本パターンから自社物件に利用するパーツが大量に用意されていますから、パーツを貼り付けていけば、簡単にプランと称する設計は完成してしまうのです。

場合によっては、営業マンがプランを作成することも珍しくないということです。

本物の設計士は、出来上がったプランをチェックするだけです。

会社にとっては、設計士を大量に雇わなくても済んでしまうというわけです。

家は家族の幸せの器であるべき

「家は家族の幸せの器」であるべきである、と思っています。

あるいは、「幸せを守る城」といってもいいかもしれません。

そのためには、城は構造的にしっかりしていなければなりません。

手抜き工事がしてあるところは論外ですが（近年、有名な大手ハウスメーカーが手抜き工事をしていたという例がありましたから、一概にあり得ないとは言えませんが）、会社の規模の大小にかかわらず、法令を遵守《じゅんしゅ》しているならば、そうそう脆弱《ぜいじゃく》な建物にはなりません。

それは、これまでの歴史によって学んだことが教訓となっているからです。


近年、住宅に関する基準がとても厳しくなっています。

そのひとつは１９９５年の阪神・淡路大震災です。

死者６０００名を上回り、負傷者は４万人超、家屋の全壊は10万を越え、半壊は13万超、全焼家屋は７０００軒を超えるという大変な規模の震災でした。

この時、壊れた家屋というのは、新耐震基準以前の古い木造住宅が多く、それらがこぞって倒壊したのでした。

そのため木造の耐震基準が厳しくなり、それからは木造住宅の耐震性能が格段に向上しました。

そして、建物の基準を変えたもうひとつの出来事がありました。

２００５年の構造計算書偽造問題です。

偽装した建築士の苗字が変わっていたので、覚えておられる方も少なくないのではないでしょうか。

この事件によって建築基準法が改定され、建築確認や工事検査が厳格に行われるようになりました。

しかし、皮肉なことに２０１１年3月11日の東日本大震災の折、構造計算書を偽装した建物の多くは倒壊していなかったのです。むろん、建築基準法が改正された影響は少なくなかったと思います。

たしかに津波で多くの建物が大きな被害を受けることになりましたが、地震そのもので壊れた家屋はなかったと聞いています。

したがって、現在、法令を守っている業者の建てた建物は、よっぽど大きな地震でない限り、倒壊する心配は無用になりました。

それはあくまでも法令を守った業者の建てた建物ということです。

なぜ、そんなことを念押しするかというと、ほとんどの業者は法令を守っているだろうと、みなさんは思われていると考えているからです。

ところが、法令を守っている業者よりも守らない業者の方が多いとも言えます。

小さいところより大きいところの方がその傾向は大きいように思われます。


地元密着型の工務店ならば、一度でも手抜きをして、その評判が立ってしまったら、少なくとも地元では商売を続けていくことはできません。

ところが大手ならば、全国をエリアに手広く行っています。訴えられても、訴訟専門の部署も、腕利きの弁護士も用意しています。

とうてい個人が太刀打ちできる相手ではありません。

だから、名前だけで信用してはならないのです。

信じがたい家が堂々と売られている

ある地方の住宅のチラシにあった例です。

積雪30センチで潰れるのが確実な家が堂々と売られているのに驚いたことがあります。間取りを説明すると、1階は、玄関を挟んで和室と大きなリビング、LDK、バスルームとなっています。2階には洋間が3つです。

建物というのは、自重（家そのものの重さ）や、地震や雪などによってかかる負荷を地面に素早く逃がすことにより安全性を保っています。

したがって、家にかかる荷重をうまく逃がすような構造になっていない建物は、大きく揺れたり、歪んだり、最悪の場合は倒壊してしまいます。

この家の場合には、2階と屋根にかかる重さを、1階の柱や壁で支えなければならないのですが、その支えるべきものがないのです。

つまり、大雪が降って、屋根に30センチも雪が積もったなら、この家は上からグシャッというように潰れてしまうのは、火を見るよりも明らかです。

大きな立方体を思い描いて下さい。

この立方体の、サイコロのような構造が最も安定する家の形です。

2階、3階と上に乗せるならば、この形を積み重ねるのが最も強い形です。

マンションやビルの構造が、このような単純な構造しているのは、それが最も強固な構造だからです。

重心（建物の重さの中心）と剛心（建物の強さの中心）が一致しているために、地震の揺れにも強く、歪《ゆが》みが生じにくくなっています。

1階の柱や壁の上に2階の柱や壁が載っているものほど、構造上で安全というわけです。

逆に言えば、1階と2階の大きさを変えたり、1階をL字型に変形したりすると、重心がずれたり、分散してしまうために、構造的に弱くなり、安定性が低下します。

東京都庁は奇抜な形をしていて印象深いものですが、構造的には複雑になっていて、すでに建ててから30年経っていますが、以前聞いた話では、雨漏りがひどくて、始終補修工事に入らなければならないほどの問題建築のようです。

通常は、公共の建物については、民間よりもしっかり設計・施工・監理・検査が行われているはずです。

しかし、あれだけ複雑な形をしていると、設計も施工も大変であったと思います。

戸建てでも事情はまったく同じです。

基本的には、たとえ複雑な形をしていたとしても、設計の基本さえ守っていれば、安全な家を作るのは難しいことではありません。

家には4つないしそれ以上の角があります。1階と2階を重ねるには、角の位置を合わせたり、角があっていない場合は、耐力壁で補強したり、太い梁を入れて補強するなどは基本です。

誰もが知っている大手ハウスメーカーのひどい例を紹介します。

有名な会社だからと安心して頼んで、住んでまだ10年も経たないのに天井が落ちたというのです。

原因は、天井の構造にありました。鉄骨と木材で作っていたのですが、天井に仕上げは工事において、仕上げ材を張り付けるための下地に使われる棒状の部材を「野縁《のぶち》」といいます。野縁を止めるための部材である「野縁受け」を針金で縛ってありました。金属と木材の相性は悪く、針金が腐食して天井が落ちてしまったというわけです。

このように天井が落ちるケースは珍しくありません。

Aさんのお宅は、なかなか素敵な豪邸です。

大手ハウスメーカーに設計させた自慢のお住まいです。

大きな邸宅は、応接間と玄関ホールの上にバルコニーがまたがるという構造でした。バルコニーの手すり壁部は、屋根の上に作るルーフカットバルコニーという構造でした。新築して間もなく玄関ホールと応接間の天井に雨漏りのあとが現れました。それで雨漏りの補修を依頼して、一度ならず何度もやってもらっても、一向に改善がみられなかったのです。雨漏りはやまず、とうとう応接間の天井の一部が雨水と一緒に落ちてきたといいます。

原因は、瓦とバルコニーの壁が複雑にぶつかり合う構造で、ルーフカットバルコニーでは、雨水を1階の天井のふところを通して外部に出すのですが、バルコニーの排水部が甘く、そのため天井の一部が落ちてきたというわけです。

このようなケースの場合は、中途半端な修繕は意味がありません。構造を見直して、徹底した修理を行わないと直るものではありません。

こんな例は枚挙にいとまありません。見た目の良さを追求した結果、構造的な欠陥を知らず知らずのうちに抱えてしまうことになってしまうのです。

大手ハウスメーカーでも珍しいケースではありません。

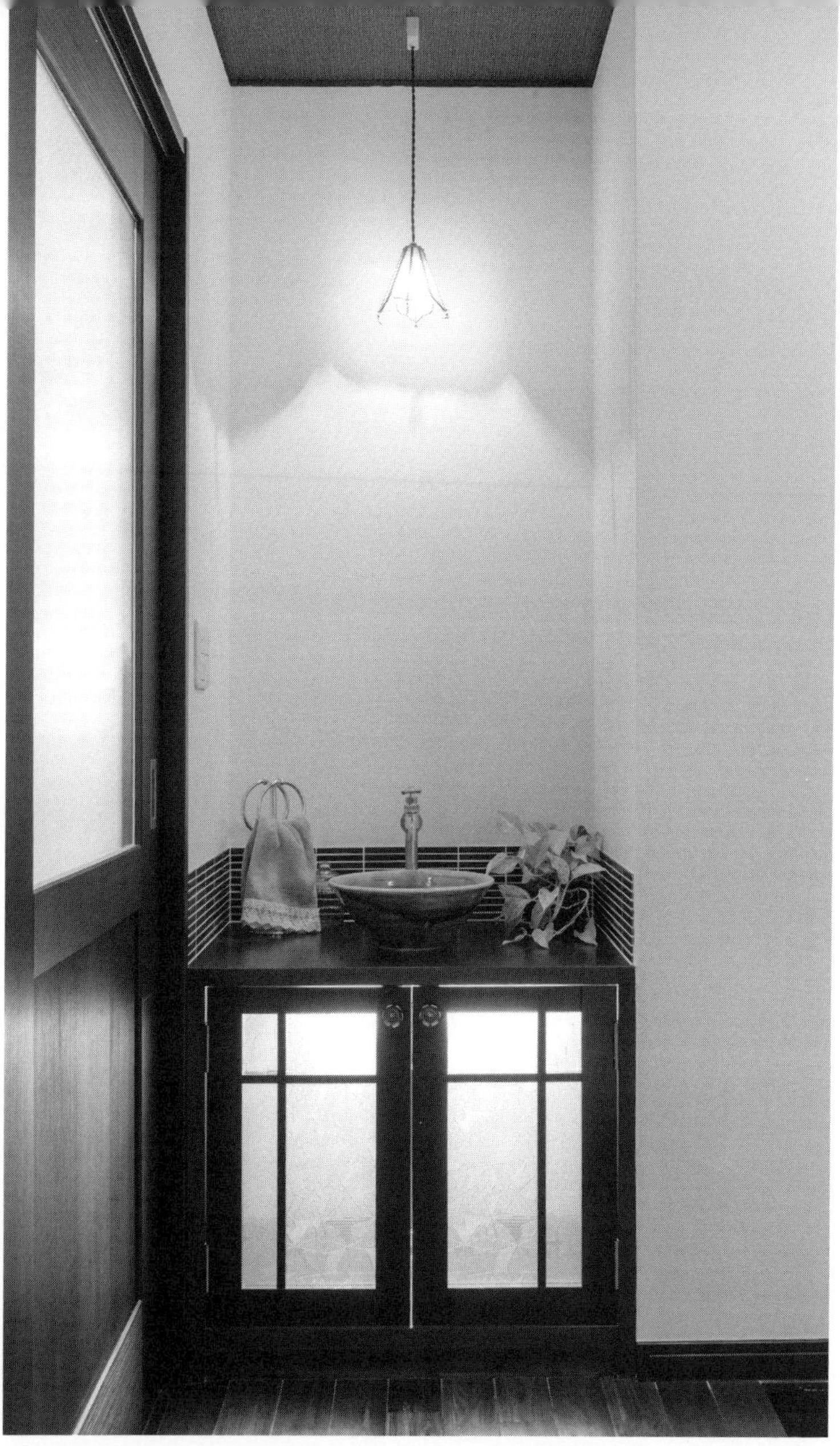

第2章

住宅業界は クレームや 苦情が多い

クレームや苦情の多い業界

住宅業界がいかなる業界であるかということを、できる限り詳しくご説明しましょう。知らずにハウスメーカーなどにお願いして、家を建てた後で後悔しても後の祭りだからです。後悔しないための心構えを作るためにも、この業界のことを知っておいてください。

テレビや新聞では、毎日、住宅業界のコマーシャルが大量に流れています。これはその会社が儲かっていて、余ったお金で打っているわけではありません。その逆に必死で儲けなければいけないから、大量のコマーシャルを高い費用をかけて流し続けているのです。

圧倒的なコマーシャルで子どもでも知っている大手ハウスメーカーは、どこも少なくない訴訟を抱えています。裁判にかかる費用もバカになりません。

その費用もコマーシャルを見て、見た目が豪華な住宅展示場にやってきたお客さんが払っています。、腕ききの営業マンの口車に乗せられて、あれよあれよという間に契約書に判を捺させられ、高い住宅ローンを払う消費者のお金がつぎ込まれているのです。

住宅業界は消費者センターなどへの苦情や問い合わせ、相談の最も多い業界です。クレームの多くは、営業マンの対応の悪さや施工への不信についてであると報告されています。そのほとんどが「高いお金を払っているのに、こんなはずではなかった」という失望と、ハウスメーカーに対する不信感からでているようです。

しかし、よく聞いてみると、「言った、言わない」「説明を受けていない」「そんなことは知らなかった」という点に集約されます。

施主様は、初めての家づくり、あるいは家づくりとしては専門知識のない素人同然の方々が大多数です。一方、ハウスメーカーはそれを生業としているプロフェッショナル、これまでのユーザーからの数々のクレームに対応して切り抜けてきた歴戦のツワモノ。勝負は戦う前からすでに明らかです。

しかもほとんどの施主様側のクレームというのは、契約書を取り交わした後の話なのです。契約書を締結した後に豹変《ひょうへん》した営業マン、当初の話とは違う実際のマイホームの姿、手抜き工事など。しかし、いくらクレームをつけても後の祭りです。

ハウスメーカー側は、施主様からのクレームをあらかじめ想定して、契約書にちゃんと逃げ道を用意しています。

裁判に持ち込んだとしても勝ち目はありません。


まずは、一部上場の有名企業だからといって信用してはなりません。

すべてのハウスメーカーは、「最大のクレーム産業である」ということを頭に入れておいてください。その観点から自分の人生の城ともいえるマイホームづくりを始めなければなりません。


私としても自分の属する業界が、そんないい加減な業界だとは言いたくありません。しかし、多くの施主様の泣いているお姿を数多く拝見し、相談に乗り、できる限り助けてきた体験からお話しているのです。もちろん施主様側の落ち度もあります。100パーセント被害者というわけではありません。

事前にきちんと知的武装をしておけば、ハウスメーカーの詐術にまんまと引っ掛かることはなかったのです。

この本一冊で、完璧な知的武装のできる情報を提供できるとは思っていません。しかし、重要な点は外しておりませんので、よく読んでいただければ、決して家を建てた後に後悔するということはないと思います。

家は失敗の許されない買い物です。契約して、建物の引き渡しを受け、いざ住み始めて「失敗した！」と思っても取り返しがつきません。そんな後悔の念にさいなまれながら、その後の人生を送るというのは、何とも悲しいものです。

そうならないためには、仮には信頼できると思える住宅会社や大工に出会えたとしても、決して丸投げにしてはなりません。「プロにお任せすれば大丈夫」ということは、絶対にありえません。それは責任放棄に他ならないのです。

はじめに施主様が心すべきこととは、どんなに忙しくても、どんなに面倒でも、自分の城を丸投げにして任せないことです。それは、後から文句を言う権利を放棄しているといわねばなりません。

仮にハウスメーカーの営業マンが「一生のお付き合いです」というような耳ざわりのよい言葉を使ったとしても、それに感激してはなりません。それはウソだからです。大手ハウスメーカーならばなおのことです。営業マンは契約が取れてナンボの世界の住人です。契約が締結されるまでは、あることないこと言って、お客の信頼を勝ち得ることに全力を尽くします。しかし、契約がとれたら、もう成約したお客のことは頭にありません。すでに次のターゲットに全身全霊を傾けています。契約したお客から連絡があったら、適当に処理する程度の意識しかありません。

彼らは一種の役者と考えていいのです。契約前のお客の前では、100パーセントお客様の味方の役を演じています。「お客様の一生に寄り添います」という信頼に足る人間を演じます。しかし、それは契約書にサインしてもらうまでのことです。

契約書にサインして、支払がすんだら、もはや頭の中からお客のことは消えています。

そのような世界であると覚えておいてください。

それが、家を建てた後で、ご自分が後悔しないための大事な心構えなのです。

ハウスメーカーが施主様の人生に寄り添うことは100パーセントありません。大手ハウスメーカーだから決して倒産しない。だから困ったことがあったらいつでも相談に乗ってくれる、などと思ったら、彼らの思うつぼです。そんなことは爪の先ほども考えてはいません。

ハウスメーカーが求めるのは数だけです。効率であり、利益です。いかに早く、安くお金にし、いかに多くの利益を上げるか、それしか考えてはいないのです。企業が大きければ大きいほど、その考えは徹底しています。

したがって、施主様の要望や課題に寄り添えば寄り添うほど、効率は悪くなり、数や利益も下がることになります。ですから、営業マンの上司は、それを徹底的に嫌い、排除しようとします。施主様に寄り添う営業マンは、社内ではむしろ排除される存在となります。

そして、評価されるのは、効率と数を上げる冷徹な営業マンだけとなります。

お客の前に現われて、耳触りのいいことを言っているのは、その類《たぐい》の営業マンなのです。

いびつな建設業界が生んだ事件

世間を騒がせた大きな事件として、まだ多くの方が記憶にとどめている大規模な不動産関連の不正事件は、「姉歯《あねは》事件」と称される耐震偽装事件があります。

事件が明らかになったのは、2005年、今から10年以上も前の事件ですが、事件の中心人物が、珍しい名字であったこと。キャラクターとしてもかなり特徴的であったので、多くの方の記憶に焼き付いていました。

一級建築士による構造計画書の偽造事件といわれる「姉歯事件」が明らかになると、主に中堅ディベロッパーが建築・販売しているマンションの耐震構造に対して疑惑の目が向けられるようになりました。

実際にその後、かなり広範な耐震偽装のマンションが次々と明らかになっていました。

この事件によって多くの人の印象が、中堅ディベロッパーや中堅ゼネコンではなく、やはり大手ディベロッパーや大手ゼネコンといった世間でも名が通っているところでなければだめだ、というものになりました。

これは一企業の体質というレベルの問題ではなく、業界全体の構造の問題、なかんずく監督官庁である国土交通省の在り方の問題にまでかかわってきます。

国家的な大層な話になってしまうので、私のような一業界人が語るべきことではないかもしれません。けれども人生の幸せづくりのためにマイホームを手に入れようとしている方のために、心構えをつくるためにもお伝えするべきと思い、筆を執りました。

この事件の根本には国土交通省が認定している「構造計算プログラム」に欠陥があることが明らかになったといいます。

元一級建築士が、この国土交通省が認定しているプログラムを用いていました。このプログラムを用いて行政に提出する計算図面を作成していたのです。

耐震偽装を発見するには、このプログラムにもう一度、構造計算の数字を打ち込んでみればいいだけだったのです。ところが、驚いたことには、検査機関も行政機関も国土交通省もこのプログラムを持っていなかったというのです。

つまり建築確認を監督するべき機関が、肝心の「構造計算プログラム」を持っていなかったというわけですから、まさにザル機関だったわけです。その監督責任は問われてしかるべきだったのです。

ところが、その責任の所在はウヤムヤのまま、法規制だけが厳しくなっていったのです。何か事件があると、取り締まりの法規制が厳しくなるというのは、この国の決まりごとのようです。しかし、いかに法規制を厳しくしても、必ず抜け道をセットするというのもぬかりありません。これも決まりごとのようです。

元一級建築士の耐震偽装によって設計されたマンションは、広範に散在することが発覚しました。しかし、それぞれのマンションに対して補強工事をするためには、費用と全住民の同意が必要になります。このため難航を極め、耐震偽装が明らかになっても住み続けなければならない住民の心中は複雑なものがあったと思います。

そして、2011年3月11日にマグニチュード9・0という東日本大震災が発生します。震災後しばらくしてから、少なからぬ人に頭の片隅に、「いったい耐震偽装の姉歯物件はどうなったのか？」という関心が浮かんだはずです。

私も業界人として、その点については関心が少なからずありました。今後の業務においても無関係とは言えないものです。

結論を申し上げると、いわゆる姉歯物件と称された耐震偽装のマンションは、東日本大地震という未曽有の震度にも耐えて、崩落した物件は一棟もなかったということです。

でも、普通に考えれば、姉歯物件の大半は崩落してしかるべきなはずなのに、どうしてと疑問に持たれた方も多かったと思います。

ここにも実は、この業界の闇が潜んでいます。

通常ではありえない出来事によって、不動産業界で隠されていた闇にスポットが当たってしまったといえます。

実は、耐震設計というのは、この業界にとってはドル箱のひとつです。

耐震構造を強化すれば、当然、補強の資材が余計にかかります。その分、工法も難しくなってきます。強度を上げれば上げるほど、予算は上がってきます。

しかし、一般の方にはなかなか耐震強度については詳しくはないわけですから、耐震強度を低レベルで済ますことに同意することはなかなかできるものではありません。したがって、耐震強度を上げることにより、予算が膨らんでしまっても、それを抑えてとは言いにくいものです。

通常、必要な強度が100だとします。ところが、これを500に上げても誰も文句を言いません。そして、耐震強度を上げた分だけ、予算がバンと上がります。

もちろん、安売りをセールスポイントにしているローコストビルダーでは、なかなか使わないところですが、フルオーダーの注文住宅をご希望の施主様なら耐震強度を上げることは、大事な資産を守ることになるわけですから、拒否するところではありません。

大手ディベロッパーが耐震偽装していた物件があったと言いましたが、一般には耐震偽装は、強度が足りないという理解であると思います。ところが、過剰強度という耐震偽装もあるのです。

つまり、一般には姉歯物件は、強度が100のところを70にして強度計算を偽装していたといわれています。ところが、この基準の100が500であれば、姉歯物件の強度は、一般よりよほど強いということになります。

これが、姉歯物件が東日本大震災にも一棟も崩落していないというカラクリなのです。

耐震偽装事件に見る業界の歪んだ構造

こんな古い事件について、何で長々と書いているのか、と疑念を持たれる向きもおありだと思います。しかしこの事件には、業界の歪んだ構造がよく見える事件なので、もう少しお付き合い願いたいと思います。

この事件の主な登場人物が五人います。
①発注した建築主　②工事を請け負った施工業者　③建築設計事務所　④構造設計の建築士　⑤検査機関
このうちマスコミに取り上げられ、叩かれていたのは、④の構造設計の建築士でした。

当時の異常とも思えるマスコミの連日の糾弾報道に、建築士の妻はマンションの七階から飛び降り自殺しました。

これは、関係者がグルになって行った壮大な詐欺事件だったのでしょうか。

結局、騒ぐだけ騒いだマスコミは国民の関心が事件から離れると、次のスクープに移ってしまい、事件の真相はうやむやのまま、その後、法規制が厳しくなるばかりでした。

本来ならば、問題の根っこを掘り下げ、今後二度とこのようなことが起こらないようにすべきなのでしょうが、業界全体のなれ合い、特に監督官庁と大手ゼネコンはズブズブの関係ですから健全になりようもありません。


この事件は、業界人の見る所、構造設計の建築士が一人で行った事件であるといえます。

もちろん、それをしなければならないような事情はあったとは思いますが、この事件は組織的犯罪ではなく、個人でやすやすと起こせる事件であるというところに、恐ろしさが潜んでいます。

言い方を変えるならば、この事件は日本における「建築生産システム」によって起きた事件なのです。このシステムの末端にいた建築士によって、構造計算を偽装せざるをえなかった事情があった、ということなのです。

もっと言えば、この業界に厳然と生き残っている前近代的な縦割りの生産システムなのです。

高度経済成長とともに肥大化していったこのシステムは、それぞれの当事者間に確固たる上下の支配関係があります。別の言い方をすれば、お金を流す方が上にいて、もらう方が下に群がるという構造です。

今度の東京オリンピックがらみでも、この構造が露骨に働いています。つまり業界の古い体質は、今日に至るも何も変わっていないのです。

したがって、耐震偽装事件は形を変えて、今日も起こり得ることなのです。

業界の人間は専門知識のない素人が大好き

住宅業界の人間は、家づくりの専門知識や、業界の都合の悪いことを知らない素人が大好きです。できるだけ契約までに時間をかけず、余計な注文を入れないお客様が、彼らにとっての上客です。

反対に、妙に専門知識があり、疑い深く、競合他社からの情報をちらつかせ、のらりくらりとなかなか契約まで進まない客がもっとも敬遠するところです。

住宅情報誌や家づくりの本を読んで、ある程度知識があり、展示場に足を運んでくれるお客が絶好のカモということになります。多少の知識があれば、余計な説明は省けます。

彼らの聞きたいことは、あらかじめ想定問答集のようなもので研修済みですから、素人に毛のはえたような知識を持ったお客を契約に導くには、ちょうどいいと考えます。

彼らは、お客を徹底的にほめます。「さすがですね」「よくご存じですね」「そこまで知られると我々は困るんですよ」「○○様は、勉強されていますね」と美辞麗句《びじれいく》を並べて、お客をいい気持ちにさせてしまいます。

そこで、その気になっていると相手の思うツボです。いい気になっていると、その心の隙にスッと付け込んできます。

そこで、値引きやサービスの話が出ると飛びついてしまいます。彼らは虎視眈眈《こしたんたん》とその瞬間を待っています。


契約前に詳しい話を聞きたいと思うのは当然のことです。しかし、彼らはそれには簡単に応じません。それでは効率が悪くなるし、手の内を明かすことになり、こまかく検討されたらたまりません。

だから、詳細な打ち合わせに入る前に「まず、契約していただいて、それから詳しい打ち合わせをさせていただきます」と言って、契約書に判を押させて手付金を払わせて、それから打ち合わせと、すでに逃げられないようにしておくのです。

ある工務店からうかがった話です。

大手ハウスメーカーでも、多くは地元の工務店と契約していて、実際の施工は地元の工務店が行うことになります。

ハウスメーカーの営業マンがうっかりして発注書の原本が入ったファイルを忘れていったことがあり、それをのぞいて見て驚いたというのです。

工務店に発注する部品や部材の単価と施主様に発注する単価は当然違います。施主様にはハウスメーカーの利益を乗せているのは当然です。しかし、驚いたというのは、必要な部品や部材の箇所数や個数、あるいは平米数《へいべいすう》がかなり大きく違っているのです。

当然、水増ししています。あるいは、施主様に提示しているものより品質を落として、工務店に発注する場合もあります。そうして利ざやを稼いでいるのです。

ですから、みなさんは家づくりの素人ではあっても、見積書に対していちいちチェックしていく必要はあります。少なくともこのお客は侮《あなど》れない、という印象を与えることが必要です。

ハウスメーカー側としては、現場を預かる工務店とお客が話をすると、こうしたごまかしが露わになるのでとても嫌います。そこでメーカーは工務店の担当者に、現場に施主様が見えても「極力、話をするな」と圧力をかけてきます。

施主様から質問されたら、

「私たちにはわからないので、メーカーさんに聞いてください」

と答えるようにされているのです。

メーカーに聞けば、あらかじめ想定問答集が用意されていますから、素人ではわからないことを答えて煙にまいてしまうのです。

ハウスメーカーの営業マンは、話術に長《た》けた人が多いです。そういう人しか残れない世界なのかもしれません。

男性のお客は、〝高スペック〟好きの傾向があります。

工法や採用している資材、設備などに興味を持つ人が多いようです。そこで、男性のお客に対しては、家のスペックを持ちだして、どんな家に住みたいかという話題をスペックにすり替えて、家づくりに魅力を持たせようとします。

一方、女性のお客は、空間としてのイメージや見た目のおしゃれさ、使いやすさ、キッチン周りに興味を持つ傾向があります。

女性に気に入られた空間を作った事例を持ちだして、どんな家に暮らしたいかという興味を、おしゃれに暮らす、という話題にすり替えて、興味をそそらせるということに力を注ぎます。

基本的には、ハウスメーカーの営業マンは、いいことしか言いません。間違っても自社のトラブルや欠点などを言うことは100パーセントありえません。

ローンの契約は慎重の上にも慎重に！

若い人が気軽に一戸建ての住宅を買える時代となりました。

もちろん、私ども不動産業に関わる者としては、大変ありがたいことなのですが、お話をうかがって「この人は大丈夫なのだろうか」と老婆心《ろうばしん》ながら心配になります。

今なら、「フラット35」などのローンを組めば、たとえ頭金がなくても、数千万の戸建てが簡単に手に入ります。

たとえば、20代で夫婦で共稼ぎでダブルインカムとなり、2人の収入を合わせれば、月々の支払は難しくない、大丈夫だと目算を立てて、契約書に簡単にサインしてしまいます。

しかし、この方は自分の10年後、20年後、否、支払が完了する35年後の自分の人生について考えているのだろうか、と心配になります。

奥さんが妊娠したら、今の暮らしを維持できるのだろうか。

子どもが生まれて成長すれば、それなりにお金はかかってきます。それを計算に入れているのだろうか。

あるいは、どちらかに不測の事態、病気だったり、交通事故だったり、会社の倒産だったり、将来そのようなことが起こり、今の収入を確保できなくなった時は、どうするつもりなのだろうか。

人生に確かなことはありません。そんな心配をしていたら何もできないではないか、と思われる向きもあるでしょう。しかし、家を建てるということは、ある意味で自分の人生を建てる、人生の設計といってもいい大事業なのです。

それがあまりにも安易に「契約書」にサインされる方が多いのです。

では、ローンが払えなくなるとどうなるか。

3カ月支払が滞納すると、有無も言わさずにすぐ競売《けいばい》にかけられます。

競売にかけられてしまえば、数千万円で購入した自宅が、二束三文で売り渡されてしまうでしょう。誰でもそれは知っています。

そこで、不動産業者や弁護士、司法書士の先生から、「競売にかけられる前に任意売却すれば、競売よりはいい値で売ることができますよ」と声がかかります。

たしかに任意売却の方が競売よりはいくらか高く売ることができます。

でも、それは競売ならば800万円のところが、任意売却ならば1000万円という程度です。それで残債をきれいに払うことができればラッキーです。

しかし、だいたいのケースでは、残債は残ります。つまり、住まいはなくなったが、借金は残ったという状況です。

どこか賃貸の安いアパートが借りられたとしても、残債は支払わなければなりませんから、生活は大変なことになります。

現在、このようにローンを支払うことができなくなり、任意売却にかけられるケースが少なくありません。

任意売却の専門会社一社で、年間5000件の任意売却を請け負うといいます。そうした規模の会社がざっと調べても4社ありますから、少なくとも年間で2万件の任意売却があるということです。つまり、1日あたり50件以上の任意売却が、毎日毎日あるということなのです。

困るのは家を建てた施主様だけで、保証会社も不動産会社も銀行も困りません。

実のところ、彼らは施主様がローンの支払いに困って、任意売却にかかるのを手ぐすね引いて待っているとも言えるのです。

任意売却で売れても、その額が残債よりも低ければ、当然残債は残ります。その残った債務は、当然支払う義務があります。ただ、支払い先が違ってくるだけです。

銀行は住宅ローンを組んでもらう際に保証会社に保証人になってもらいます。そして、安くない保証料を買い主が保証会社に支払っています。

一般的には住宅ローンが3カ月くらい滞納した場合には、保証会社から債権者である金融機関に残債の弁済が行われます。これを「代位弁済《だいいべんさい》」といいます。つまり、本来、ローンを支払う義務のある人に代わって支払うという意味です。

そして残った住宅ローンの残債は、保証会社か債権回収会社に対して支払うことになります。

もちろん保証会社にしても債権回収会社にしても無理やり残債を取り立てるというような乱暴なことはしません。毎月、返済可能な金額に設定して回収していきます。

任意売却したからといって、ローンの残債は完済するまで支払う義務はあるのです。

しかし、支払い可能な範囲だからといっても、支払いは容易ではありません。もともと何らかの理由で住宅ローンを支払えなくなったわけですから、月々に支払う額が少なくなったからと言って、別に住むところを確保しなければならないわけです。つまり、家賃の上に残債の支払いが被ってくるわけです。家賃がタダにでもなるか、収入が上がるようなことでもない限り生活は楽にはなりません。

以上、任意売却についてしつこいくらい説明しました。

そんなこと自分たちには関係ないことだ、と思われる方もおられると思います。

私が老婆心ながら、このような説明をさせていただいているのは、せっかく手に入れたマイホームを手放していただきたくないからです。

人生は何が起こるかわかりません。

今は順風満帆と思われる状態にあっても、将来どんなことが起こるかわかりません。ですから、ローン契約をされる時には、今のご自分の生活レベルで判断しないで、パートナーや肉親の方に真剣にご相談して、判断してください。

慎重のうえに慎重を重ねても、無駄なことにはなりません。くれぐれも背伸びをするような無理は禁物です。

大手ハウスメーカーのトラブル①

新築の家の床や畳に結露、窓枠や床、床根太に大量のカビ

大手ハウスメーカーの本当にあったトラブルです。

建築条件付きの2階建ての自宅を建築したこの例は、トラブルを越えた驚くべきものです。施主様は、大手プレハブメーカーだからと安心して依頼したわけですが、入居間もない頃から和室二間の床や畳に結露が生じ、カビに悩まされるようになりました。

新築してから1年半で、和室の畳を2回も張り替えたというのですから、異常というほかありません。

引き渡し後も、多数の不具合が見つかり、業者に連絡しても誠意ある対応は皆目見られなかったといいます。たまりかねて本社に連絡し、住居についての調査を依頼したところ、30項目以上の不具合が報告されました。しかし、施主様の確認したところ、50カ所以上の

不具合が確認されています。本社としても誠意ある対応は見られませんでした。

当然、施主様はメーカー本社に対して、建て替えか引き取りを要求しましたが、それには応じず、不明瞭な回答を繰り返すばかりでした。

そこで民間の調査機関に依頼したところ、驚くべき報告が寄せられました。

ハウスメーカーが着工前に提出した地盤調査報告書には「水位について―2.2〜2.5メートル付近に見られます」と記載されていたことが判明。つまり、地盤面のすぐ下に地下水脈があったことを設計士は事前に知っていたのです。

ところが、床下の防湿コンクリート下に防湿ビニールシートを敷設しないという仕様のために、床下から湿気が上がって結露が生じたと思われます。湿気のため畳に結露が生じ、畳や下地合板にカビが大量に発生しているのです。

この欠陥住宅は、大手ハウスメーカーのものですが、決して特異な例ではありません。むしろ、典型的な欠陥住宅の例といえるでしょう。

営業マンの確認ミスと不誠実な対応、現場監督の施工監理の手抜き、作業員のズサンな施工、メーカーのメンテナンス保証に対するサービス部門の不誠実な対応など、メーカーがコマーシャルなどで声高に言っている「お客さまに対するサービス体制」は、口だけであったことが如実です。

地鎮祭にも出てこない営業マン、問題を放置している設計士、現場も見ていない現場監督、強引に工事を進める作業員、とまったくチームプレーが行われておらず、これでは当然の結果として、欠陥住宅ができあがるのは火を見るよりも明らかです。

これはここの成員の問題というよりは、大手ハウスメーカーが、営業マン、設計士、現場監督、作業員と役割分担し、作業内容や成果レベルではなく、単に作業効率しか求めていない点が問題であると思います。

これは、たまたま起こった出来事ではなく、このような杜撰《ずさん》な作業はむしろ常態化していると考えた方がいいと思います。

現在の不動産業界の典型的な例として見た方がいいのではないでしょうか。

地元の工務店ならとうてい考えられない実態です。

大手ハウスメーカーのトラブル②

欠陥住宅が判明しても裁判は頼りにならない

大手ハウスメーカーに新築建設を依頼した方は、工事の途中で作業員の行う作業がどうも雑に感じられてとても不安になったそうです。そこで、実際に自分の目で確かめたところ、その不安が的中してしまったのです。

1階の床下をのぞいて見ると、1階の床を支えている土台の鉄骨がつながっていなかったり、新築なのに鉄骨にサビが浮いていたり、土台と基礎の間に木片が差し挟まれていた状態だったり。しかも床下はツギハギだらけで杜撰な仕事ぶりでした。

また、仕上げもお粗末で、玄関タイルは剥がれ落ち、床フローリングはデコボコでラインがそろっていないなどなど、素人目に見ても欠陥がわかる仕事ぶりだったといいます。

本社にその点を告げ、補修を要求したところ、一応、対応してくれましたが、補修工事もまた手抜き工事のオンパレードで、目に見える部分を取り繕《つくろ》うだけだったと言います。

こうした出来事が続くので、残金の支払いを止めていたところ、大手メーカーの方から「残金を支払え」という裁判を起こされてしまいました。

家のうわべだけ補修しても、欠陥住宅問題は解決しません。床下や屋根裏など構造部分にこそ問題があるのですが、裁判の判例が少ないこと。住宅問題に詳しい弁護士が少ないこと。さらには裁判には費用も時間もかかることなどがネックとなります。

個人が大手ハウスメーカーの欠陥住宅を訴えても、なかなか勝ち目はありません。裁判所は、大手ハウスメーカーの責任を追及するのではなく、あくまでも調停・和解に持ち込もうとします。時間や費用もかかり、なによりも自分の住まいがないがしろにされる死活問題でありながら、施主様個人では圧倒的に不利になってしまいます。

大手ハウスメーカーのトラブル③

新工法も信頼できるとは限らない

大手ハウスメーカーや地域のハウスビルダーが「家づくり住宅システム」と称して、従来の木造軸組工法の構造材を組み手やホゾで連結させているところを、鋼製のジョイント金物を使用した新木造と呼ばれる住宅があります。これは、大工職人の培ってきた木造建築の技術を必要としません。つまり、後継者不足と大工の工賃を下げるための苦肉の策といえます。

この例では、新木造にも欠陥住宅が見られることです。いくら合理的で合成に優れた工法であっても、家づくりはあくまでも熟練した職人のていねいな施工と、しっかりした現場監理が欠かせません。それを怠るととんでもない事態が生じるのです。

新木造住宅の補強金物で止めるジョイント部分に大きくひび割れが発生し、梁《はり》の表面にはカビが点々と発生しました。また、十分に乾燥していない木材を用いたため、建設中だというのに太い梁にひび割れが生じています。

さらに基礎部は構造体が重いためにコーナー部に大きなひび割れが生じ、これに雨水がしみ込んで凍結し、ひび割れがさらに広がるという事態が繰り返されています。大きな地震が来たら、この部分から基礎が崩壊するおそれがあります。

これは、あまりにひどい工事について施主様がビルダーに訴えたところ、下請けの工務店の杜撰な工事を認め、工事をストップし、躯体《くたい》(建築物の構造体、骨組み)を取り壊すことに同意してくれました。

1年以上の交渉の末の結果でしたが、幸いにも建築費の支払いをする前の手付だけのところであったので、他の信頼できる工務店に依頼することができました。

新工法と聞けば、一般の方々は最先端で信頼できる工法と思いがちですが、いかに新しい工法であろうとも、それを形にするのは職人です。施工者がしっかりした技術を持っていなければ、期待できない結果になるのは当然のことです。

施工現場をしっかり監理しなかった設計士と施工者のいいかげんな工事が、どうしようもない新工法の結果を生んだということでしょう。

大手ハウスメーカーのトラブル④

知名度のある会社でも安心できない

大きな震災の後に新居の購入を考えて、大手ハウスメーカーに依頼することにした方の体験です。

知名度のある会社ということで安心して任せることにされました。2×4(ツーバイフォー)工法の3階建て住宅です。地震に強いしっかりした住まいを希望しました。営業マンの耐震性は保証するとの力強い言葉を受け、依頼されました。

引き渡し後、1カ月後に震度1の微弱な地震がありました。すると1階リビングの化粧柱下に大理石張りをしていたところに大きな亀裂が入りました。床下を調べると基礎フーチング(基礎の部分を大きくして安定させる)幅が建築確認申請よりも大幅に短く仕上がっていました。

さらに基礎には発砲スチロールが詰められ、基礎の随所にひび割れが散見されました。2階部分も少し傾いているように感じたので、水平を調べたところ、5ミリ程度傾いていることが判明しました。

20年保証を謳《うた》っているメーカーなので安心していたとのことですが、契約内容をよく読むと、保証制度は構造体に限り10年間の保証で、10年後に有料のメンテナンスチェックを受けた後、再度10年間の構造体保証をしますという内容になっています。

「品確法《ひんかくほう》」（住宅の品質確保の促進等に関する法律）では、住宅の瑕疵《かし》責任を10年間としていますが、内容が非常に曖昧で、10項に満たない程度のチェック項目では、住宅メーカー側に有利に働いています。結局は雨漏りなどの細かい不具合について2、3年程度しか保証されず、それを過ぎると自費で補修しなくてはなりません。

家の良し悪しは、保証の有無ではなく、いかにはじめに施工がきちんとされているかという点が大事になってきます。

ハウスメーカーの利益率

ハウスメーカーは、自社で工場を持ち、本社、支社を通して、それぞれにマージンが乗せられます。実際の施主様に渡る時には、原価の何倍もの価格が請求されます。ハウスメーカーが一棟の注文住宅を建設したときの利益は、一般的には、販売価格の5、6割。実際の価格は、売値の3、4割というところです。

大半のハウスメーカーは、自社の工場で生産した材料を売値の2割を乗せて本社に売ります。それを本社経費の2割を乗せて支部支店に売ります。そこに支社支店の経費2割を乗せて施主様に販売されるのです。

そこでは、原価の倍以上の数字が請求されることになります。そして、実際に手間のかかる実際の施工については、地元の工務店が請負工事をすることになります。

実際に工務店工賃はたいへん安く設定されています。確かに契約したのは大手ハウスメーカーであっても、工事するのは下請けの工務店です。腕のある職人さんを雇うだけのお金がありません。しかたなくバイトの日雇い人夫という専門でない人に頼まざるをえません。その結果は、どうなるかは推して知るべし、です。

施主様にとっては高額な住宅でありながら、下請けの工務店に依頼される価格は、ローコスト住宅並というのが現実です。

さて、高額な坪単価で受注し、50パーセント以上の利益を上げているにもかかわらず、倒産してしまうハウスメーカーもあります。

ハウスメーカーは、非常に経費が掛かる仕掛けのビジネスだからなのです。

高価な展示場で、やたらに見栄えをよくしたモデルハウスは、実際の住宅とは雲泥《うんでい》の差です。有名芸能人を使ったコマーシャルをテレビでバンバン流す。新聞の全面広告。莫大な数の折り込みチラシ。有り余るほどの社員数。営業社員に払う高額のインセンティブ。このように大手ハウスメーカーは、大変経費がかかるビジネスモデルを展開しています。

こうしたハウスメーカーの経費をかける背景には、消費者の意識の問題があります。ハウスメーカーの有名芸能人を使ったテレビCMで目を奪われ、信用して業者を選んでしまう。キャンペーンの値引き額の大きさに目がくらんで即契約してしまう。やすやすとハウスメーカーの販売戦略に乗ってしまう消費者が、このような歪んだ住宅事情を生み出してきたといえなくもありません。

また、ハウスメーカーは、ただ高額の住宅価格で契約をとるだけではありません。新築の契約を交わした瞬間に、同時に将来のリフォーム客としても登録されているのです。つまり、ハウスメーカーと契約すると同時に将来のメンテナンス契約をしているようなものなのです。

海外の建築でメンテナンスはめったに必要としません。日本であっても、木材で作られ、工業製品を使わない純和風建築もまた、よほどのことがない限りメンテナンスを必要としません。つまり本来の建築には、メンテナンスという概念は必要ないのです。

しかし、大手ハウスメーカーは、国民を洗脳して「住宅にはメンテナンスが必要である」という知識を植え付けます。

この洗脳の効果は、大手ハウスメーカーが量産する欠陥住宅を認めることになります。また、定期的にリフォームで手を入れて高いお金を支払うことが、あたかも当たり前であるという、誤った「常識」を植え付けることになります。

数千万円もする高い買い物をした上に、わずか数年で数百万円もかかるメンテナンスを定期的に行わなければならないという理不尽な状況を受け入れてしまうのです。これのどこが「夢のマイホーム」なのでしょうか。

国が認める欠陥住宅

日本の建築業界では、リフォームが常識になっています。

リフォーム業界の2位から9位までが大手ハウスメーカーのリフォーム事業部が名前を連ねています。これは単なる偶然ではありません。

本体で新築住宅を売る。そして数年後には同社のリフォーム事業部がメンテナンスと称して、高い料金でリフォームする。それから定期的に点検と称して、お金が取れる箇所を見つけてはリフォームする。

こうして一粒で二度どころか、何度もおいしい目をみるというのが大手ハウスメーカーのビジネスモデルなのです。

築10年もたたないのにリフォームするというのは珍しいことではありません。

しかし、こんなことは日本の住宅建築だけの常識です。

カナダでも、アメリカでも、ヨーロッパでも絶対に考えられないことなのです。

国が定めた木造住宅の保証期間というものがあります。

それを見ると驚きます。

たとえば「10年保証」と聞くと、建物すべてを10年間保証している、と思うでしょう。

しかし実際には、保証しているのは建物の骨組みだけなのです。
その他については、次の通りです。

屋根　2年
外壁（サイディング）　2年
内装（クロス、タイル）　1年
建具（硝子等の内部建具含む）　2年
水回りの防水2年
断熱材2年

このように細かく見ていくと、1、2年しか保証期間はありません。しかし、そんなことはハウスメーカーの営業マンは決して教えてくれません。
「長期優良住宅」といわれている建物は、確かに一般の住宅に比べれば、しっかりと作られています。しかし、それですら、数年ごとの点検とメンテナンスは必要とされているのです。

国と大手ハウスメーカーの都合のよいように基準も法律も作られています。ですから、国の基準に適合しているからとか、有名な大手ハウスメーカーだからと安心して任せるのはとても危険なのです。

健康をむしばむ住宅

新しい家に移ったら家族の体調が悪くなった、という話はよく聞きます。引越しを終え環境が変わって、精神的に変化があったから体も変調をきたした、と考えるのは、あまりにもお人よしすぎます。

これは単なるハウスシック症候群に他なりません。

健康に悪い素材と構造をした建物ではないか、と疑ってみることも必要です。

現在の住宅には化学製品がたくさん使われています。使用される接着剤などが体に悪影響をもたらすことが原因になることがあります。

また、建材や内装材に使われる化学物質も問題です。

こうした体に有害な物質が、高気密の家の中に放出されるのですから、体にいいわけがありません。

シックハウス症候群やアトピー性皮膚炎などは、建材や接着剤に含まれるホルムアルデヒド、パラジクロロベンゼン、トルエンという有害物質が原因であるという医学的な報告があります。

そのために、もちろん法律で規制されていることでもあります。

しかし、それが中途半端な規制の仕方なのです。

現在、体に有害とされている物質が建材や接着剤に含まれているとされるのは、13種類です。ところが規制されているのは、わずか2種類だけで、他の11種類は、明らかに人体に影響があるのですが、規制の対象外になっています。

したがって、いかに国の規制に従って建てられている、といっても安心はできません。国の規制の基準に問題があるからです。

シックハウス症候群の問題が世の中で騒がれ、マスコミでも大きく取り上げられた10数年前のこと、さすがに国もまずいと思ったのでしょう、建材に含まれる人体に悪影響をもたらすとされる化学成分について規制する法律を作ることになりました。内装材に含まれるアセトアルデヒドを規制しようというのです。

ところが、この法律を作成する委員会の委員長が、大手建材メーカーの社長でした。これを聞いただけで、どんな委員会かがわかります。

規制される側の代表が委員長なのです。よっぽど人ができていなければ、自分たちを規制する法律を作成するのに、自分たちの利益を度外視するようなものを作るとは考えがたいことです。

案の定、この大手建材メーカーは、堂々と「揮発性化学物質（ＶＯＣ）の新放出基準に適合した建材」と宣伝して大儲けしました。

それでも、この法律によって世の中からアトピー性皮膚炎やシックハウス症候群が減少すれば、一定程度の評価はできるかもしれませんが、実際のところでは、減少どころか、むしろ増加傾向はとどまるところを知らないほどです。

いったいどうしてなのでしょうか？

それは、この法律がザル法であり、ごく一部を規制した、アリバイ工作的な法律に過ぎなかったからです。

実は体に有害とされるＶＯＣは、13種類あると言われています。ところが、新たにつくられた法律では、人体に有害とされるアセトアルデヒドとホルムアルデヒドの2つだけであり、他の11種類については野放しになっている、ということなのです。

ところが、国民の意識の中では、国が人体に有害な成分を含む建材は使わないように監督官庁が指導していると思い込んでいます。

実際に有害な化学成分を規制されてしまうと、大手建材メーカーは困ってしまいます。規制されていない建材を使う場合には、大量にある在庫の処分に困るでしょうし、新しい建材を開発したり、従来より高い建材を使用しなければならず、利益が減ってしまうことは目に見えています。

つまり、国と大手メーカーの経済優先の考え方が、国民の健康をないがしろにしているのです。

これは、ほんの一例にすぎませんが、建設業界に限らず、あらゆる業界がこのような体質であるのではないでしょうか。

私たちが生活している国は、このように歪んだ体質を持って、政治家、官僚、大手企業が一緒になって、自分たちの利益を確保するために全力を挙げています。国民の生活や健康についてはお構いなしです。

私たちはそのような現実に生きているということを忘れてはなりません。

長期優良住宅でも倒壊する⁉

東日本大震災以降も日本列島には、地震が頻発しています。

そのため、家を建てようとお考えの方は、耐震という点にも強い関心を持たれておられることは、とても強く感じています。

日本の住宅は耐震等級が1～3でランク付けされており、数字が大きくなるほど地震に強いとされています。つまり、耐震1より耐震3の方が地震に強いということを表しています。

国が定めた「長期優良住宅」は、耐震等級2以上とされていますから、地震に強いということを示している、ということになります。

ところが、防災科学研究所が行った、起震機を用いての建物の倒壊実験によると、「長期優良住宅」として認定されている「耐震等級2」の建物が、震度6強の振動で倒壊してしまったのです。

この記事が掲載された業界紙を見て、業界内では話題になったことを憶えています。

本来、この実験では耐震等級2の建物が倒壊するということは想定していませんでした。机上の計算では倒壊するはずのない建物が倒壊してしまったのです。

おそらくこんな事実を知らない大手ハウスメーカーの営業マンは、胸を張って言うでしょう。

「国が認める長期優良住宅は、耐震等級2ですから、大きな地震が来ても安心です」

しかし、実際の地震が来たときは、何の保証にもなりません。

長期優良住宅は、国民が地震に対しても安心して住めるように想定して決められた基準ではなく、国と大手ハウスメーカーが一緒になって、互いの利権構造を守るために作られたものです。だから、長期優良住宅が将来、地震によって損傷しても、国も大手ハウスメーカーも何らの保障は期待できないということです。

長期優良住宅制度は、長期にわたり住宅を良好な状態で長持ちさせるために、必要な基準を設け、それをクリアしたものをいいます。それは、新築時の建物プランで良い状態を保つことができるものであり、新築後の維持管理、メンテナンスのしやすさも考慮されたものです。

具体的には、構造躯体の劣化対策、耐震性、維持管理・更新の容易性、可変性、バリアフリー性、省エネルギー性などで一定以上の水準が求められ、また居住環境や住戸面積も条件になります。

施主様のメリットとしては、減税効果があります。

一般の住宅に比べて住宅ローン減税や登録免許税、固定資産税などの減税効果が大きいものです。ただし、その分、建築コストが上がったり、手続きにかかる費用が生じます。

一方、デメリットもあります。

申請に手間もコストもかかること。ハウスメーカーや工務店との折衝が煩雑《はんざつ》になること。建築コストが一般住宅を建てる時よりは増えること。完成後のランニングコストがかかること。

しかし、住まいを新築レベルから劣化するのをできるだけ軽減するためには、それなりのコストがかかることは覚悟しなければなりません。

長期優良住宅のメリット・デメリットを勘案しながら、総合的な判断が求められるところです。

かつて「住宅性能表示制度」というものがありました。

国が定めた良い家の基準ということです。品質の等級は5段階に分かれています。

この等級にはカラクリがあります。

機械でできる工業製品は品質が一定なので、ランク分けが容易です。ところが木や石といった自然素材で建てる昔ながらの工法では、なかなか等級に当てはめるのが難しくなります。つまり、この制度は、本当にいいものを排除して、機械で作られた工業製品の建材を使用する大手ハウスメーカーに有利になるように作られた制度なのです。

こうしたもっともらしい制度を宣伝するマスコミも言いなりになっているだけです。こうして国民を洗脳して、大手ハウスメーカーに都合のよい世の中になっていくのです。

一般に長期優良住宅と聞くと「長期優良住宅を建てれば、安全で品質のいい住宅になる」と誤解されていることがあります。それは、一般の方に限らず、業界人のなかにも、そのように誤解されている人がいるようです。

長期優良住宅の技術的審査は、書類審査だけであり、建築工事の着工後の検査は行いません。したがって、信頼できるハウスメーカーや工務店に依頼できなければ、欠陥住宅をつかまされる可能性もあるということです。

このように落とし穴があるのです。

技術的にも建築コスト的にも大手ハウスメーカーが圧倒的に有利です。しかも営業マンは、長期優良住宅のメリットばかりを並べてたてて、施主様をいち早く成約させようとします。実際の工事は、地元の工務店が、費用を叩かれて請け負うのです。したがって、フォロー体制もしっかりしたものとは言えません。

ですから、技術力のある地元の信頼できる工務店に依頼するのがベストといえるのです。

これは「長期優良住宅」そのものに価値がないというわけではありません。

「長期優良住宅」は、それなりの技術力がなければ、作ることはできないものですが、この制度を国と大手ハウスメーカーがつくり上げているのが問題です。

ちなみに、筆者の大﨑建築では、「長期優良住宅」の計画プランにもよりますが、基本耐震等級3級を標準仕様にしています。

それは何よりも施主様に安心して住むことを保証させていただくということです。住む人の安心をベースとして、好みにあったコンセプトの理想の家を形にしています。

そのための家づくりの技術力は、大手ハウスメーカーに負けないものがあると自負しています。

大手ハウスメーカーで安心できるか

必ずしも序列があるわけではありませんが、家を建てようと考えると頭のなかで、自然と序列を考えてしまうものです。

大手、中堅、それ以下というのは、必ずしも建てる家の質を表わしてはいません。しかし、金額はほぼこの順になります。

同じ建物の見積もりをとると、高い順に、大手ハウスメーカー、中堅メーカー、地元の工務店という風に並びます。

大手ハウスメーカーには、金額が高くてもお客さんがつきます。それは、大手のブランド力と信用力でしょう。新聞やテレビでバンバン広告を打つ。新聞に挟まれたチラシやポストに投げ込まれたチラシのラッシュ。広告展示場の素敵なモデルハウス。それらを目にしたら信用してしまうのが人情です。

「大手＝安心」というのは神話に過ぎないことは、本書でいろいろ述べてきました。

大手ハウスメーカーの営業マンは、この広告宣伝、ビッグネームの神話を徹底的に使います。「一生の安心を買うのは安くありません」というわけです。

しかし、高い給料の営業マン、都内の一等地に立つ本社ビル、お金をかけたモデルハウス、大量の広告宣伝費……それらが全部住宅の費用に加算されているのです。

たとえば、構造費用の見積もり一つ見ても、大手は桁違いに高いのです。しかも値段の差が出る材料費については、大手は「一式」として、詳細を示しません。ここを曖昧にして、仮に相見積もりを取られても平気なようにしているのです。

見積もりを出す段階では、まだ構造設計はできていません。大体の振り分けで計算し、鉄骨プレハブ系の建物であれば、ほぼパターンが決まっていますから、自由度に欠けるもので、しかも高めに設定しています。ですから値引きをするなら、それは初めからその分を見込んでいたと考えることができます。

決して、大手ハウスメーカーを信用してはなりません。お客様の要望に耳を傾け、それを形にすることは、このシステムでは難しいのです。

大手システムが職人を減らす

大手ハウスメーカーのシステム志向というものが、昔ながらの職人を必要としなくなる土壌を作っています。

大手では、部材は関連会社から現場に搬入します。設備機器の指定もメーカー、釘一本から業者を指定します。材料が指定され、予め工場で加工された材料が現場に運び込まれます。

現場でやることは、ただパーツを組み立てるだけで、経験も知識も大して必要ではなくなりました。腕のいいベテランの職人ほど、仕事に張り合いをなくし、どんどん現場からいなくなります。腕のいい職人がいなくなれば、より精度の高いパーツを必要としてきます。すると、さらに職人を必要としない環境が作られます。

一部の大手では、若手育成の教育機関を設けて、自社職人を育てていたり、自社内に職人の養成学校を持つところもあります。しかし、所詮は即席職人、昔ながらの職人のようなレベルにいくことはありません。腕のいい職人は、中堅メーカーの現場や地元業者の現場へ移行しています。

現場レベルで言えば、大手ハウスメーカーとまったくひけをとらない、むしろ高いレベルの仕事は地元の方ができるというケースが多いのです。

第3章

よい住宅とは何か

昔ながらの当たり前の家

住宅事情は昔と今では、隔世《かくせい》の感《かん》があります。

昔は、家というものは三代にわたって住むのが当たり前と考えられていました。

今の家は、平均して20年といわれています。三代どころか、一代でも一生住むのが難しいものになってしまったようです。


家というのは、ただ雨露がしのげればいい、というものではありません。

そこにはいつも家族の団らんというものがありました。子どもにとっては、大切な思い出を育《はぐく》む場所でもあります。家族のそれぞれの人生が営まれる大事な場所だったのです。

しかし今の時代では、昔は容易に手に入れられた「当たり前の家」が手に入りにくくなりました。


近年、巨大地震や台風の被害が多発しています。

常に安心、安全が脅かされる時代です。

さらにさまざまな化学製品の使用によってシックハウスの問題があります。耐震偽装や建築関係の偽装が話題に上るようになっています。

環境問題もあります。

このようにさまざまな問題を抱えながら、家族の団らんという、昔なら当たり前のようにどこの家でもみられたものが、大変難しい時代になっています。

核家族化して、とても三代住むなどというのは夢物語なのかもしれません。

しかし、こんな時代でもやはり家族の人生を営む大切な舞台が〝家〟なのです。

では、昔の家はどのように作られていたのでしょうか。

昔の家の建て方

まず、どんな家にしようか、家族でじっくり話し合われました。何カ月も何年もかけて自分たち家族にとって一番ふさわしい家を考えたのです。そうして家族の思いが一つになったところで、地元の棟梁《とうりょう》のところに相談に行きます。棟梁はその土地の地形から、環境、家族のことまでよく知っているので、さらにアドバイスをくれたものです。

家を頼む人と作る人の距離がとても近かったのです。


家づくりを任された棟梁は、材料の準備にかかります。

材料は近くの山にある木材や粘土などの自然素材が中心です。規格品の建材を使うわけではないので、下ごしらえする必要があります。

山に入って、これという木を選び、木を伐ります。そして伐った木をじっくりと乾かします。

こうした準備だけで、だいたい3年はかかっていました。

このように昔の家は準備だけでも、たっぷり時間をかけていたのです。


昔の家は、木と土と紙でできていました。それも、どこかから持ってくるのではなく、その土地にあるものでまかなっていました。

昔の家は、ケヤキやクリなど雑木と称される木材としては扱いにくい低級木をつかっていました。雑木は長さも太さもまちまちです。

今の家のように設計に合わせて木材の種類や大きさを決めるのではなく、材料に合わせて家の設計を考える必要がありました。

この材料の組み合わせを考えて家を作ることを「算段《さんだん》」といいました。

棟梁の実力は、この算段にかかっていたのです。

昔の家づくりの中心は、このように大工の棟梁でした。

材料の算段から家の設計、実際の工事まですべて取り仕切っていました。大工工事以外の職人の手配も行っていました。昔の棟梁は、単なる大工仕事専門ではなく、建築家という仕事まで担《にな》っていたのです。

昔の家づくりでは、お金の流れは明確でした。

工事にかかるお金は、工事のそのときどきの工程が終わるたびに、建て主が直接、職人の親方に支払っていました。

工事の仕上がりを建て主が直接確認したうえで、納得してお金を払うシステムだったのです。実に明朗な会計といえます。

よい住宅とは

よい住宅の要素はたくさんあります。

では、その中でもいの一番に上げる点は何か。

それは、「お気に入りの家」であることです。一生住むわけですから、なによりも自分が、家族が一番のお気に入りの家であることが最重要です。

そのためには、実力のある工務店とじっくり時間をかけて、「自分のお気に入りの家」のイメージを明確に伝えることが必要です。

どれほど実力のある工務店でも、施主様の中でどのような家に住みたいのか、イメージが明確でないと、つくることは難しいからです。

ご自分の中で「お気に入りの家」のイメージを明確にしておきましょう。

もちろん、一緒に生活するご家族のお気に入りでもありますから、まずは家族で十分話し合って「お気に入りの家」を明確にしておきましょう。

次に挙げられるのは「ランニングコストの極力かからない家」です。

電気、ガス等の光熱費があまりかからず、メンテナンス等のリフォームの費用が極力少ない家です。

なぜ、このようなことを言うのか。

それは、今の主流の家は、夏熱く、冬寒い、冷暖房にとてもお金がかかるようになっています。さらに、新築から数年後には、メンテナンスしていかないと、とても快適に住むことができないようになっています。

建った当初は綺麗で、一見快適に思えます。夢にまで見たマイホームを手に入れた喜びで、入居してしばらくは感激でいっぱいでしょう。

ところが住み始めてしばらくすると、その住宅の正体を知ることとなります。

通気が悪かったり、夏は暑苦しいため一日中冷房をつけていなければならなかったりすることもあります。

冬は逆に、外の寒気が容赦なく家の中に入り込み底冷えするので、暖房はエアコンでは足りず、ストーブをガンガンたいて、ようやく温まるというようなこともあります。そのため、以前に比べてはるかに光熱費がかかってしまうこともあるのです。

それだけならまだしも、何年か住んでいると、家の劣化が激しくなり、メンテナンスを頼まなければならないことが、あたかも決まりごとのように定期的に起こってしまう。そうした費用もバカにはなりません。安くないローンにそれが乗っかってくるのですから。

大手住宅メーカーは、施主様にいかに快適で住み心地の良い家をリーズナブルな価格で提供するか、という考えは爪のあかほども考えてはいません。

施主様から要望は聞くものの、それに合いそうな高額の設計プランを提案してきます。そして、それが無理だとわかると、さまざまな材料を安価なものにして、つぎはぎだらけの設計プランを押し付けようとします。とにかく時間をかけずに早く契約し、早く建てることを目指します。大手の仕事スタイルを崩すことはありません。

さて、日本の住宅は、その多くが木で建てられています。

木造だから寿命が短いのでしょうか。

そうではないことは、読者の皆さんもご存知です。日本の伝統工法の木で建てられた建物は、正倉院《しょうそういん》をはじめとして千年以上の風雪にも耐えられる強固な構造を有しています。また、神社仏閣という日本各地にみられる昔の建物も、数百年もっているのは、ザラにあります。

では、これほど優れた技術力を有するわが国にあって、住宅は30年ももたないほどお粗末なのはどうしてなのでしょうか。

日本が田中角栄首相の『日本列島改造論』で沸き返る1970年代、日本中が道路整備を始めた時代でした。

それまでは、小さなコミュニティによって生活圏が形成されていたのが、道路が整備されることにより、生活圏が拡大し、産業や流通が盛んになっていきました。

産業が発展することにより、そこに働く人が集まり、その生活を支える商店などもできてきて、地域や街が発展していきます。人が集まってくれば、当然のこととして、住むところも確保しなくてはなりません。会社なら社宅や社員寮を用意しなければならなくなります。しかし、それでは、会社の負担が大きくなってしまいます。

そこで、社員に家を持たせる住宅ローンが生まれました。国が企業の負担を軽くするために住宅金融公庫を作って、企業を助けていったのです。あれは、国民のために作られた機関ではなく、企業を助けるために作られた機関なのです。

それまでは、日本では借金は戒められていました。ところが、国民の財布のひもを解くために、「家は借金してでも建てなさい。それは資産になる」ということを植え付けていきました。この時代が、今日ある建材メーカーや住宅メーカーが誕生する大きな要因になったと言えるでしょう。

それまでは、職人さんが山から木を伐り出し、部材を削り出し、しばし寝かせておいて、それから何年もかけて家を建てていました。しかし、そのようなペースでは、住宅の建設ラッシュともいえるスピードに追いつけなくなります。そこで、大規模な工場による大量生産時代が到来したのです。

建材メーカーが設立され、新建材とよばれる工業化製品が生まれました。一見、こぎれいな、しかし質のあまりよくない建材で家が作られるようになっていきました。

この流れに連動して住宅メーカーも、安くて大量生産のできる建材によって、見栄えがよい家を大量に供給し始めました。

ハウスメーカーは、テレビや新聞、雑誌などのマスメディアを通じて、国民に「木造住宅は長持ちしない。これからの時代は軽量鉄骨のプレハブ住宅こそ長持ちする家だ」という誤った観念を植え付けることになります。

日本の住宅が30年ももたないのは、日本の高温多湿という風土にあった建材、工法、間取りというものを一切無視して、大量に粗悪な家をもうけ主義によって広めたことにあります。

もともと日本の家の間取りといえば、建具だけで部屋を仕切る、通気性に富んだものでした。ところが、欧米文化に染まってくると、プライバシーを重視するようになり、密閉した壁で間仕切りをし、通気を悪くしてしまったために、住宅寿命が縮まる大きな要因となったのです。

また、従来の家の土台と言えば、石の上に土台が載っている構造でした。ところが、コンクリートの土台を使うようになって、床下の通気が悪くなってしまい、床下の木材が腐りやすくなってしまったということもあります。

いずれも日本の高温多湿という環境を無視した工法を採用したために起こってしまった

ことです。

しかし、それから半世紀ちかくも過ぎた今日においてもなお、大手住宅メーカーは、技術力を高めて、より合理的に儲け主義に走っています。無数の住みづらい家を作り続けながら……。

よい家の特徴とは何か

建物の価格を決定するのは、家の形状が大きく関係します。

複雑な形状をしていればしているほど価格は上がります。逆に正方形に近い形であればコストを抑えることができます。

住宅メーカーがターゲットとしている層は、住宅を初めて購入する一次取得者で、土地がなく、比較的若い夫婦で子供2人の4人家族が標準モデルです。

マンションではなく戸建てだと、2階建てで延べ面積は30～40坪。

玄関、LDK、寝室、子供部屋2つ、クローク、1・2階のトイレ、浴室、洗面脱衣場という構成が一般的です。

こうした家を引っ込みや出っ張りといった複雑な形を極力抑え、できるだけ四角い家にすることで建設コストを抑えることができます。

また、延べ面積の割には、小さな土地でも建てられるので、コストパフォーマンスのいい家と言えます。同じ延べ面積の平屋の建設費に比べれば、30パーセント程度費用を抑えることができます。

基礎は、布基礎とベタ基礎の二種類に大別されますが、一般的にはベタ基礎の方が優れているとされています。布基礎は家の加重を線で受けますが、ベタ基礎は面で受けるので、地盤沈下などを防いでくれます。

近年、各地で地震が発生し、特に基礎工事についてはかなり厳しい目が向けられています。最も注意しなければならないのは、建物に適した構造数値であるかを知ることです。構造計算で安全性が証明されていれば、基礎構造は安心できるというわけです。

地震の恐怖を煽《あお》って、過度な強度の基礎を押し付ける業者もいますので、必ずしも構造数値で安全性を保証されているからといって、鵜呑みにできないケースもあります。

基礎も大事ですが、もっと大事になるのが地盤の地耐力《ちたいりょく》（地盤が建築物などの重みにどの程度耐えられるか、また、地盤沈下に対してどの程度抵抗力があるかを示す指標）です。

通常、家を建てる前には地盤調査をすることは義務づけられています。地盤が弱い土地は、当然のこととして地盤の改良工事は必要になります。

したがって、購入前に必ず地盤についての情報を開示してもらう必要があります。

地盤調査は、通常は土地を購入してから行うものです。しかし、その土地自体のデータでなくても、近隣の土地の地盤の情報はあるはずです。埋め立て地なのか、山を切り開いた開拓地なのか、過去の周辺の情報は必ずあるものです。そこから地盤が強固なのか軟弱なのかは推測できるものです。

もちろん、業者はできる限り不利になる情報は開示したくないはずです。ですから、業者任せにしないで、自分で調査することも必要かもしれません。それくらいの努力は惜しんではならないでしょう。

屋根の形状は、一般的には、「切妻《きりづま》」「寄せ棟」「片流れ」があります。この中で、薦められるのは、切妻と片流れです。できるだけ形状がシンプルな方がコストを抑えられ、メンテナンスにも優れているからです。切妻は、適度な傾斜が必要ですが、ゆるいと雨漏りの恐れが生まれ、傾斜がきつすぎると屋根の面積が大きくなるため、建設コストが跳ね上がってしまいます。

屋根材は、瓦、鉄板、石綿スレートが一般的です。

瓦は、以前は台風に強く、地震に弱いとされていました。近年の瓦は土を使わず、直接釘で止める乾式工法が主流になっているので、比較的地震にも強くなっています。しかし、日本の住宅には水分を含まない日本製の瓦を選ぶのがベストといえます。

鉄板を使用する場合は、屋根の形状を選ばず使用することができるので大変便利です。しかし反面、熱伝導率が高く、厚みがないため雨音を伝えやすいなどデメリットもあります。使用する場合はそれなりの対処が必要となります。

外壁材に使われるのは、サイディング、ガルバリウム鋼板、モルタルです。

ガルバリウム鋼板は、コストはそれなりにかかりますが、丈夫で耐久性に優れています。ただ断熱材が必要となり、ランニングコストがかかりすぎるという欠点があります。防音性も弱く、住宅に使用するためには適切な対処が必要です。

モルタルはコストがかかるため、現在では住宅にはあまり採用されてはいません。日本の住宅の90パーセント以上は、サイディングで外壁を仕上げています。ただ、サイディングは断熱効果が低く、ランニングコストが非常にかかります。

また、壁内結露を発生させ、住宅寿命を縮める要因にもなっています。そのうえ、重量もあるため、地震などで落下する危険性もあります。

床材は、フローリングとビニール系のシート、タイルがあります。

ビニール系のシートは、コストは低いけれども、施工には接着剤を使うことで、健康に悪影響をもたらすこと、さらに耐久性も短いので使用は極力控えたいものです。使用する場合、当初はコスト安く済みますが、短期間にメンテナンスをする必要があり、シート自体は安価ですが、張替のために洗面台等を取り外し、再設置等の費用はばかになりません。長期的に見ると、メンテナンスが必要なので、トータルでは決して安くはすみません。

タイルは水回りに使用して湿気に強く耐久性はありますが、熱伝導率が高く、他の素材に比べてコストがかかるという欠点があります。

床材に最も向いているのは、フローリングです。

フローリングには、無垢材と木目調のフィルムを貼り付けたフロアー合板があります。フロアー合板は、傷がつきやすく、紫外線にも弱く、いったん損傷すると補修が困難という欠点があります。また、製造工程で接着剤を使用するので、健康に悪影響を及ぼす危険性があります。

その点、無垢材は補修も簡単で、安全性にも優れています。

壁・天井の仕上げ材には、壁紙（クロス）、塗り壁、板貼りがあります。

コストも安く、施工も容易なビニール系クロスが最も多く使われています。壁や天井に湿気を封じ込めてしまい、調湿効果が乏しく、施工時には接着剤を大量に使います。種類も多くきれいな仕上がりになりますが、まれに健康被害の報告があるようです。

塗り壁は、アクリル樹脂の塗り壁から珪藻土《けいそうど》、漆喰《しっくい》等があります。これらはビニール系の壁紙に比べるとコストは5倍以上かかります。アクリル系は比較的コストを抑えることはできますが、やはり敏感な人には影響を及ぼすことがあります。

珪藻土も含有率によりピンキリですが、下処理の段階でアクリル系の塗料を使います。

なるべく接着剤を使用しない方が安心ですが、そんなに敏感にならなくてもよいでしょう。

塗り壁は伝統工法で長らく使われていたものです。伝統的な工法であれば、調湿効果や消臭効果は申し分ありませんが、近頃で見られる薄い塗り壁では効果のほどは期待できません。コストダウンしても、将来的にメンテナンスに費用が掛かるようでは意味がありません。その点を考慮する必要があります。


外部建具は、アルミ、樹脂、木製の3種類があります。

日本ではアルミを使用するケースが多いのですが、アルミは熱伝導率が高く、外気温を家の中に伝えやすいので、結露現象を起こしやすくなります。だから北海道や東北などの寒冷地では、外部建具は、樹脂や木材を使う傾向があります。

そこでアルミと樹脂サッシを組み合わせたりしています。樹脂サッシを使うことで、結露がなくなるので、かなり使用されています。軽量なので窓の開閉はスムーズになりますが、防音性という点では、問題はあります。

木製サッシは、熱伝導率は低く、断熱性や吸音性に優れています。しかし、雨や湿気などを受けて劣化しやすく、メンテナンスを定期的に行うという点で、ランニングコストがかかるという欠点があります。また、コストも割高で、アルミの3〜5倍になります。

内部建具については、主に0.2ミリのフィルムを貼る合板を使う傾向があります。見た目は安っぽく、防音効果も認められません。ただ品質がいいものだけに、使う用途等を考えて使うならばいいと思います。

その他の設備では、便器や水洗金具、調理器具等の設備については、日本製が世界的に見ても最も優れています。海外製の製品で金メッキで豪華な感じのするもので、値段もそれ相当のものがあります。しかし、メッキは数年で剥げてしまいますので、長く使い続けるなら日本製を選ぶのが無難です。

特に女性にとって関心があるのは、キッチンです。毎日使うものですから、見た目だけでなく、使い勝手がよく、なおかつコストパフォーマンスのいいものを選ぶべきでしょう。

キッチンはそれこそピンからキリまであり、十万円台から一千万円を超えるものまで幅広いものですが、高価なものは必ずしもそれに見合った性能があるわけではありません。

第4章

よい家づくりのために知っておくべきことは

一生安心して住める家を手に入れるには

一生安心している家を手に入れるのは、現在の建築業界の在りようを考えると至難のワザと言えるものです。

あなたは、これから宝くじ売り場に行って、宝くじを買ったとします。それが一等に当たると思いますか？

もちろん、「一等が当たったらいいな」と思って買うのでしょうが、ほとんどの人は内心では、当たるわけがない、と思っています。

実は、一生安心して住める家を手に入れるのは、この宝くじで一等を当てるよりも難しいのです。それほど、現在の住まいづくりは至難のことになっています。

驚かれると思いますが、本当のことです！

でも、ご安心ください。この本を読んでいただければ、この「宝くじで一等を当てる」よりも難しい「一生安心して住める家」を手に入れる方法をお教えいたします。

そう言う意味で、この本を手にされたということは、あなた様は稀に見る強運の持ち主と言えます。少なくとも住まいづくりに関しては、強運ということは間違いないでしょう。

よく「3回家を立てたら、初めて満足のいく我が家ができる」という言葉を聞きます。

でも、本当にそうなのでしょうか。

一生に3度も家を建てられる人は普通ですか？

一般の方は、一生に一度、それも限られた予算で建てる方がほとんどだと思います。

テレビで「ドリームハウス」やリフォームを紹介するような番組がありますが、テレビ的な演出が濃厚で、プロの目から見れば、かなり問題も散見され、あれは特殊な例と考えてください。

マイホームは一生に一度のものと考えていいでしょう。

車を買う人は、事前にいろいろと調べます。靴だって、服だって、化粧品だって、美味しいものを食べるお店でも、事前にいろいろ調べます。それなのにマイホームに関しては、調査不十分で平気な人が実に多いのです。

人生でたった一度しかないチャンスに、ほぼ素人同然の状態で、営業マンの言われるままに大事な「人生の拠点」をないがしろにされてしまっています。

家を建てるのはライフプランを立てること

家を建てるというと、展示場に行ったり、住宅雑誌を買い集めたり、ネットの住宅情報を閲覧したりしていませんか。

間違いではありませんが、その前にやらなければならない大事なことがあります。

「どんな家を建てるか」より前に考えなければならないのは、「これからどんな人生を送るのか」というライフプランをしっかり立てることです。

家はあなたの大事な人生の舞台です。そこで家族と共にどんな人生を過ごすのか。お子さんが生まれて育つ場所かもしれません。人生のパートナーと一緒に暮らす場所かもしれません。年老いた親御さんと一緒に過ごす場所かもしれません。将来、お子さんがお孫さんを連れて里帰りする場所かもしれません。これから未来のさまざまなドラマが展開される場所となるのです。

「今、こんな家に住みたい！」だけで、どんな家にするかを決めてはいけません。そこには将来の家族のライフプランや要望も入れておく必要があります。少なくともそれが入れられる余地を残しておく必要があります。

家を建てるというのは、人生における重要な事業のひとつです。大きな人生の節目となります。どんな家にするかによっては、資金計画も変わってきます。住宅ローンを組む場合は、長期間の資金計画が必要になります。返済が完了するまでは、きちんと収入を確保しなければなりません。そのためには、健康で長生きを心がけねばなりません。

ただ、住宅ローンを返済するために働くのではなく、充実した人生の舞台として、マイホームを考える必要があります。

その家で、どれだけ素敵な思い出を残せるのか、ウキウキ、ワクワクしてくるような楽しいプランも入れておく必要があります。

実際に家の設計図を作るより前に、どのような人生を誰と送るのか、ということを念頭におく必要があります。また、自分の器（収入）以上のものを求めると、後々で困ったことになりますから、その点も十分に考慮しておく必要があります。

そして、もっとも大事なのは、自分が立てたプランを実現するためのステージである家を誰が建ててくれるかを決めることです。

中途半端な業者に頼んでしまったら、せっかくの人生を台無しにされてしまいます。そうならないためにも業者選びは慎重でなければなりません。そんなことにならないように、そのために必要な情報はすべて本文に書かれていますので、熟読されて、頭に叩き込んでいただければと思います。

家を建てるための準備

家づくりは、ちょっとコンビニエンスストアに行って、何か買うのと訳が違います。欲しい車を買うならば、パンフレットやカタログを取り寄せ、カーショップを何度も訪れて、営業マンの話を何度も聞き、知り合いで詳しい人がいれば話を聞き、ネットでも評判を調べて、かなり細かいことまで調査して、そのうえで買うかどうか判断するでしょう。

しかし、家づくりというのは、不思議なことに人生の大半をそのローン返済のために使うというのに、いざ買うとなると、すべてを業者に任せっきり。また、いろいろ調べている方もおられますが、私たちプロから見ると、ポイントがズレていて偏った知識をお持ちの方も多いようです。

ここでは、まず家を建てるためのプロセスを簡単にお話します。

4つのステップに分けて注意点を列挙します。

ステップ1 情報収集

・情報収集（雑誌・書籍・パンフレット・カタログ・広告・ネット等）
・見学会・展示会に参加
・説明会参加
・会社選び

ステップ2 建築プランの具体化

・自分・家族の要望の整理
・資金計画・諸経費の算出と概算の算定
・建築時期の検討
・（土地がない場合）土地探しの検討

ステップ3　建築依頼の準備

・建設用地の地盤調査
・建設用地の法規制チェック
・具体的な設計の打ち合わせ
・見積ならびに支払い方法の検討
・銀行・金融機関への融資申し込み
・最終チェック・打ち合わせ

ステップ4　契約締結

・契約内容の最終確認
・契約締結

以上のプロセスを覚えておいてください。

まず、どのような家を建てるのか、その家に居住する家族の要望を吸い上げておく必要があります。イメージをあらかじめ一致させておかないと、途中でもめたり、できあがってから不満が出てきたりします。そんなことがないようにイメージを明確にしておけば、工務店に依頼する際にも、伝えやすくなります。

工務店が設計の際に一番困るのは、施主様のイメージが統一的でなく、断片的なイメージだけで依頼されてしまうと、何度設計をやり直しても納得していただけるものがなかなかできないということがあります。

事前に住宅雑誌やインテリア雑誌、建物の写真が多い雑誌を古本屋などで大量に集めておきます。また、ネットの工務店やハウスメーカーのホームページの写真をプリントアウトしてもいいかもしれません。その中からイメージに近い写真を切り取って、大きなケント紙などに張り付けて、自分たちのイメージを明確にしていきましょう。

頭の中でぼんやりしていたものが、写真を選んでみると、自分たちのイメージがより明確になってきます。言葉ではなかなか伝わりにくいものも、こうするとよりはっきりしてきます。

また、依頼先の工務店のホームページの写真と見比べてみるのもいいかもしれません。自分たちが描いている家のイメージと合っているかどうかということも、会社選びのポイントになるかもしれません。

では、工務店のホームページを見る際のチェックポイントをお教えします。

まず、ホームページを持たない工務店は論外です。

いくら地域に密着して商売をしているからといって、ホームページがないという会社は、お客様に対してアピールすることを怠っているということです。

昔気質の棟梁が「うちは腕があるから、そんなものはいらねえ」と言っても、やはり技術は自社の強みをお客様に伝えるというのは、最低限のサービスです。

それができないようでは、依頼しても満足いくものを作ってもらえるか心配になります。

そして、ホームページの中で社長のコメントに注目してください。

通り一片の型通りの挨拶をしているようでは、ちょっと問題です。どう自社の強みを伝えているか、そこをチェックしてください。それなりの技術を持っているところは、必ずその点をアピールしています。

分譲住宅や新築住宅の見学会に参加した折に、ぜひ注意して見て欲しいのは、近くの電柱に立て看板を立てたり、貼ったりしているかどうかみてください。それは法令違反になります。よく見学会などで、立て看板を持っている社員さんの姿を見ることがあると思います。これは、違反にならないので、法令順守ということになります。

もし法律違反を平気でしているような会社には、決して仕事を依頼してはいけません。

立てる土地が決まったら、できればそこから半径50キロ圏内の工務店を選んでください。半径50キロというと車で1時間圏内ということです。それくらいであれば、その土地の特徴や環境のこと、地盤のことについての知識を持っていますから、まず安心して依頼できます。また、将来のメンテナンスも任せられますし、家のことで困ったことの相談も手軽にすることができます。

工務店が決まったら、必ずその工務店がやっている完成見学会やモデルルームを見に行きましょう。その工務店の実力がわかります。また、お客様に対する気遣いも大切です。それもチェックポイントに入れておいてください。

長期優良住宅は建てられますか

２００9年6月4日に施行された「長期優良住宅の普及の促進に関する法律」によって、長持ちのする家が建てられれば、税制の面でさまざまな優遇措置が取られています。

長期優良住宅であることが認められれば、税制面での優遇があります。つまり、長く住み続けられる家が手に入ると同時に税金も戻ってくるということになります。資産価値という面でも、将来性を考えれば、十分に検討に値します。

国が長期優良住宅をバックアップしていますから、メリットは大きいです。

では、どのような優遇があるのか、列挙しておきましょう。

①登録免許税減免　0.1パーセント（一般住宅は0・15パーセント）
②固定資産税減免　5年間1／2減額（一般住宅は3年間1／2）
③不動産取得税減免　1３００万円減額（一般住宅は1２００万円）
④住宅ローン控除　最大６０００万円（一般住宅は４０００万円）

⑤投資型減税　上限100万円（ローン未利用の場合）
⑥長期住宅ローンの供給支援　35年↓50年（償還期間）
⑦金利の優遇（フラット35S）
⑧リフォーム補助金　100万円／120万円＊（＊地域資源活用の場合）

このような数々の優遇措置が得られる長期優良住宅の要件とは何か、ご説明いたしましょう。

国土交通省が発表している「認定基準の概要」に基づいて、要件を列挙しておきます。

①劣化対策
数世代にわたり住宅の構造躯体（骨組み）が使用できること。

②耐震性
極めて稀に発生する地震に対し、継続利用のための改修の容易化を図るため、損傷のレベルの低減を図ること。

③維持管理・更新の容易性
構造躯体に比べて耐用年数が短い内装・設備について、維持管理（清掃・点検・補修・

更新）を容易に行うために必要な措置を講じていること。

④可変性（共同住宅の場合のみ）

居住者のライフスタイルの変化等に応じて間取りの変更が可能な措置が講じられていること。

⑤バリアフリー性（共同住宅の場合のみ）

将来のバリアフリー改修に対応できるよう共用廊下等に必要なスペースが確保されていること。

⑥省エネルギー性

必要な断熱性能等の省エネルギー性能が確保されていること。

⑦居住環境

良好な景観の形成その他の地域における居住環境の維持及び向上に配慮されたものであること。

⑧住戸面積

良好な居住水準を確保するために必要な規模を有すること。

⑨維持保全計画

建築時から将来を見据えて、定期的な点検・補修等に関する計画が策定されていること。

長期優良住宅として認定されるためには、前記の9項目（戸建て住宅の場合には④⑤の項目は除く）をクリアしている必要があります。その上で申請して、認定される必要があります。

長期優良住宅として認定されると、先に挙げた優遇措置だけでなく、仮に転売をしなければならなくなった場合も有利になります。

「長期優良住宅認定」の住宅と一般の住宅では、転売価格が20～35パーセントもの価格差が発生します。

ただし、長期優良住宅も手放しでお薦めすることはできません。

それについては、別項で説明させていただいています。

家づくりの成否は着工前に決まる

家づくりはいつがいいのか、ということを時々聞かれることがあります。家づくりのプロとして家づくりのベストな時期があるのか、聞いてくるのでしょう。それに対して私は次のように答えています。それは、家族が家を建てたいと思う時が、建てる時期なのです。

しかし、避けなければならない時期が三つあります。もし、この本をお読みの方が家を建てたいと思っても、この時期に該当していたら、どうか延期していただけるようお願いいたします。

ひとつは転勤の多い時期です。家は建てたはいいが、会社や上司から転勤の話が出たとしたら、困ります。転勤中に貸すとしても、なかなか借主は見つかりません。空き家にしておけば、家は傷みます。さらには、転勤先の家賃とローンの二重払いは負担が大きいものです。こうした可能性がある場合は、できるだけ避けてください。

もうひとつは、出産を控えている時期です。子供の誕生と新築の二重の喜びになるから、いいと思うでしょうが、妊婦が打ち合わせについて回ったり、家づくりにかかわる雑事は何かと負担になります。子供が誕生し、人生の設計、資金計画が明確になってから、家づくりに取り組んだ方が安心です。

さらに絶対に家づくりをしてはいけない時期があります。

貯蓄がゼロで頭金が無い場合も家づくりに走ってはいけません。確かに「頭金ゼロ、家賃と同額を払っていくだけで将来資産になる」といううたい文句のチラシはよく見かけます。しかし、無理して経済的に余裕のない状態で踏み出してはいけません。途中で人生設計を大きく変えて、家を手放さなければならない例は山ほどあります。

もしも、何かのアクシデント、会社の倒産や病気などがあった場合、ローンが払えなくなり、大変なことになります。しっかり貯蓄をして、余裕を持てるようになってから取組むべきです。

もしも、今、あなたがこの三つのケースに当てはまるようでしたら、家づくりの計画は延期してください。将来、必ずチャンスはめぐってくるものです。

建て時のベストの年齢

ローンを組んで返済することを考えた場合、だいたい返済期間は35年くらいであれば、月々の負担がそれほど大きいものになりません。

決断するならば、30代前半、早いに越したことはありません。まだ子供が小さくて、それほど教育費が大きくない時期。あるいは、まだ子供を授かっていない時期がいいと思います。

人生において大きな支出となるものは、住居費、教育費、老後資金と言われています。これらの支出をできるだけ分散したいものです。お受験などしなければ、子供の教育費は10年間くらいは抑えていけます。その間、ローンの返済と教育費の用意をしていくことです。そして、教育費が一段落したら、老後資金の用意をしていくことです。

ローンの金利は比較的低利で推移しています。これを利用しない手はありません。今後、金利が大幅アップということは考え難いですから、低金利のローンを活用することです。

家の質を下げてしまう購入価格

住まいづくりで大きなポイントとなるのが、やはり購入価格です。いいものを安く購入する、というのは間違った考えではありません。賢い消費者ならば、そのような考えを持って当然です。

しかし、他のものを買うのと家を買うのでは、同じ次元では考えられない点があります。多くの方は、この点を最初から外しているところがあります。

住まいを手に入れるためにかかる費用には、2種類あるのです。

ひとつは初期費用。頭金とローンを合わせた住宅を手に入れるためにかかる費用です。さらに不動産取得税などの税金や手数料を含めた、購入時にかかる費用のすべてです。

もうひとつが、その家に住み続けるためにかかる維持費。ローンの金利、光熱費、補修にかかる費用等、その家での生活を続けるために必要となる費用です。

しかし、住宅の購入時に頭にあるのは、初期費用のみ。維持費についてはなかなか気がまわらないものです。

しかし、ここに大きな落とし穴があります。

例えば、ここに2軒の注文住宅があります。

ほぼ建坪は同じで、いずれも見るからに立派な建物です。

しかし、Aは2000万円。Bは2200万円。

この差は、Bが気密性・断熱性に優れている点にあります。しかし、気密性・断熱性の意味するところを知らなければ、多くの人はAを選びがちです。

もし、念頭に維持費という考えがあれば、Bという判断も可能となります。つまり、その家に今後、10年、20年と住み続けるとしたら、気密性・断熱性は光熱費に大きく関わってきますから、維持費の点で逆転する可能性は十分にあります。

最初の200万円の違いは、35年ローンを組むと考えれば、月々の違いは5000円程度です。光熱費を考えれば、安い方を選ぶというのは、あまり賢い消費者とはいえないかもしれません。

それだけの時間をかけなくとも、住み心地、健康管理という点で、違いがある可能性は十分にあります。

よい家は資産価値が高い

よい家の定義はいろいろあります。

なによりも施主様の要望を満たす家かもしれません。デザインに優れた家かもしれません。省エネを考えた家かもしれません。耐震構造に優れた頑丈にできている家かもしれません。

しかし、つきつめて考えると、「資産価値の高い家」こそが、いい家といえるのではないでしょうか。

では、資産価値の高い家とは、どのような家なのでしょうか。

資産価値の高い家とは、一言で言うと「長く快適に住み続けることができる家」ということになります。

では、長く快適に住み続けることができる家には、どのような要素が必要でしょうか。

大きく三つの要素が必要と考えます。

・耐久性と耐震性
・デザイン性と高機能
・低メンテナンス費用

地震大国日本で済み続ける限り、地震と無縁というわけにはいきません。まして、阪神大震災、東日本大震災という巨大地震に見舞われ、なお近い将来も大きな地震発生の可能性が言われている今日において、耐震性は不可欠です。

また、耐久性があり、自分たちの一世代だけでなく、少ないメンテナンスによって二代、三代と住み続けることができるのが理想的です。

しかし、いかに堅牢《けんろう》にできているとは言っても、時間をへても飽きのこないデザイン性や住みやすさを考えた高機能性も必要です。快適な住み心地とともに住む人の健康を考えた快適さも不可欠です。

さらに長く住み続けるためには、メンテナンスは欠かすことはできませんが、あくまでも適正にです。始終補修が必要だったり、まとまった費用をかけてのリフォームが必要になるなどは論外です。建てる時から将来のメンテナンスを考えておく必要はあります。

これら3つの要素を兼ね備えた家は、資産価値の高い家ということができるでしょう。

よい家を建てるための3要素

資産価値の高い家の3要素を説明しましたが、ではそのような家はどのような要件が必要なのか考えていきましょう。

よい家のための3要素は、ズバリ、建物、土地、地盤ということになります。どれほどしっかり上物を建てたとしても、地盤が弱かったり、その土地が埋め立て地で湿気が多かったり、訳アリだったりしたら、せっかくの建物も台無しです。

建物に対しては、それぞれこだわりや理想がありますから、誰でも最も注意を向けるところです。なにしろ業者に高いお金を払って、設計・施工を依頼しているわけですから、当然のことです。

また、土地についても、自分や家族が気に入った環境の整った土地を探して、あちこち歩きまわってきて決定したわけです。そこに大枚はたいて手に入れたわけですから、これも当然注意を向けます。

しかし、最も大事なところなのに見えないからと軽視されているのが地盤です。

建てた後、トラブルが生じる大半が、地盤に原因があると言われています。目に見えるところは手を抜きにくいですが、目の届かないところでは、なかなか素人ではチェックが難しいのです。

外壁や内壁に亀裂が生じたり、ドアや窓がきしんで開きにくくなったり、時には建物自体が傾くようなトラブルの多くの原因が地盤にあります。「不同沈下《ふどうちんか》」という現象によって引き起こされます。

気密性や断熱性にいかに気をつかっても、間取りや耐震にこだわっても、地盤がダメな土地に家を建てたら何もかもが台無しになります。いくら資産価値の高い家を建てても、軟弱な地盤の上に建てようものなら、せっかくのこだわりが水泡に帰してしまいます。

だから、いい住まいづくりにとって最も大切なのは、地盤といえるのです。

東日本大震災の時に、建物自体は壊れていないのに、家が傾いてしまったために住めなくなったという家はたくさんあったそうです。

つまり、建物はしっかりしていたのに地盤がダメだったので、傾いてしまい、住めなくなったのです。

だから何よりもまず、地盤調査を行って、その地盤がどれだけの重さに耐えられるかという指標である地耐力がどれくらいあるか調べておく必要はあります。

全国平均で約30パーセントの土地に地盤改良工事が必要であるという統計があります。つまり日本の3分の1の土地が地盤に問題があるということです。

新潟市はほぼ100パーセントが土地改良工事を必要としています。東京は平均30パーセントですが、墨田区や江東区などは大幅に数字が上がります。

古来より住宅はもともと地盤のいいところに建てられてきました。したがって、新しく作られた分譲地は、地盤があまりよくない可能性があります。

多くの新興住宅地では、地盤改良工事が行われています。

自分が家を建てようとしている土地が、地盤改良工事が必要か否かは、とても重要な問題であるにもかかわらず、関心のある施主様はことのほか少ないものです。

地質調査の情報に関心を持つ

２０００年4月に「住宅の品質確保の促進等に関する法律」、略して「品確法」が施行されました。それに伴い地盤に関する法律の解釈が変わりました。

この法律の施行前は、地盤が原因で事故が発生しても、住宅会社は責任を問われませんでしたが、施行後は、建築後10年間は、地盤が原因の事故やトラブルについては、住宅会社が責任を取らされることになったのです。

そのために起こったのは、地盤保証会社の台頭です。住宅会社は建物の専門家ではあっても、地盤の専門家ではありません。そこで地盤保証会社が地盤の調査と改良工事を請け負うのです。

しかし、そのような保証会社の中には評判のよくない会社もあるようです。

まずは、自分の目で自分の家が建つ土地は、地盤はどうか確かめてみましょう。

実際にその土地を見ても、地下まで見通せるわけではないので、データを見ることになります。現在では国のデータベースで、過去の公共工事で行った地質調査のデータが公開されています。これがひとつの目安になりますから、ぜひご自身で調べてみましょう。

家づくり予算の土地代は最後に決める

通常の、土地から探す住まいづくりの場合、最初に土地を探します。土地を決めて、それに合わせて設計し、その後に資金計画を立てるという順番が一般的です。

ほとんどの住宅会社は、この順番を勧めますし、住宅雑誌でも、この順番を勧めます。

しかし、このやり方には大きな欠点があります。それは、実際に家を建てる段になって、予算が足りなくなったり、予算をオーバーしてしまう恐れがあるということです。

建設費がいくらかかるか確定していない段階で土地を決めてしまうと、自分たちの要望を満たしてくれる家を建てられなくなるかもしれないのです。

そこでお勧めしているのが、最初に総予算を算出し、資金計画を固めていくやり方です。

まず最初に住宅のために支出できる総予算を決めてしまうこと。

自分の今の収入から毎月いくらのローンが支払えるのか。頭金、諸費用として使える貯蓄はいくらあるのか。現在、住居関連での支払いはどれくらいあるのか。家計を見直して、無駄を省いてねん出できる額はどれくらいかを算出します。

こうしたことをじっくり検討して、総予算を決めていきます。決してぎりぎりで、目いっぱいの数字を出してはなりません。何かのアクシデントがあったら崩れるような計画は立てないように。確実にやっていけるという確信の持てる数字を算出していきます。

総額を試算したら、希望する家の建築費をまず引きます。

次に必要となる諸費用を引きます。

そして、最後に残った金額が土地取得に使える費用です。

例えば、総額が3500万円だとします。希望する広さ、間取りを実現するのに最低2000万円、諸費用が200万円としたら、土地代は1300万円ということになります。もしも、気に入った土地が1400万円だとしたら、差額の100万円は、家の建築費を削るか、どこからか100万円を調達するかを考えなければなりません。

とても大雑把に例を挙げましたが、このようなスタイルです。とにかく、土地は最初に決めるのではありません。最後に決めるのが鉄則です。

家づくりはシミュレーションが大切

よく言われるのは、「家は3回建てなければ満足するものはできない」というものです。しかし、普通の人が生涯で数回も家を建てることはまずありません。この言葉自体は間違いではないと思いますが、実際に行うとなると至難のワザです。裏を返せば、それだけ住まいづくりは難しいということなのです。

そのためにも、準備段階として異なる住宅会社3社以上の現場見学会に参加して、実際の建物を目に焼き付けておきましょう。

現場見学会は、住宅展示場のようなお金をふんだんにかけて、見栄えがいい魅せる家とは違います。実際にそこに住む方がいて、限られた予算と工期で建てているわけですから、これを自分の家と思ってシミュレーションしてみると面白いと思います。

現場見学会では、会社がよっぽど自信が無ければ公開しないわけですから、現場の実力、ひいてはその住宅会社の実力が判断できることにもなります。それを複数見ることで、比較対照することもできます。3社以上見ることにより、どれが業界の慣例なのかもわかります。

そうすれば、優良工務店を見分ける目を養うことになるのです。

また、現場を見ることにより、ただ理想の住まいがリアルに描けるようになってきます。そこで自分の好みがはっきりするでしょうし、何を求めていたのか、必要なものはどのくらい費用がかかるのか、バランスを調整していくことができるようになってきます。

家づくりを思い立った頃は、あれもこれもと欲張って、ごった煮状態になっていますが、現場いくつも見ていくと、どういうものが本当に必要で、どういうものが必要でないか、ということが明らかになるのです。

家族で見に行けば、それぞれの好みがはっきりしてきますので、それを調整することもできます。

第5章

よい
家づくりの
絶対条件とは

家づくりは誰に頼むか

いい家を建てるには、突き詰めて言えば、誰に頼むか、ということにつきるでしょう。

通常、家を建てるときに依頼するのは、専門業者であるハウスメーカー、設計事務所、工務店になります。

しかし、ハウスメーカーに頼んでも、設計事務所に頼んでも、実際に家を建てるのは、地元の工務店ということになることがほとんどです。

ですから、いかに優良工務店を見つけるか、ということになります。

家を建てるのは、ほとんどの方が初めての経験です。馴染みの工務店で信用できるところを知っていれば何よりですが、ほとんどの方はそれがありません。

人づてに聞いても、しょせん素人の判断ですから、大切なことはわかりません。

では、大手ハウスメーカーなら信用できるのか、となると、そうも言えないところがあります。私が公平に見ても､決してハウスメーカーはいい仕事をしているとは言えません。

ハウスメーカーの窓口は、営業マンになります。その土地の営業所に勤務して、地元の情報をよく収集しているかというと、営業マンの人柄にもよりますが、数年ごとに異動がありますから、一つの営業所にとどまるということはまずありません。

仮に契約の担当になっても、数年後に何か不具合があって相談に行っても、もう担当の営業マンは他の営業所に異動などという話はザラにあることです。

2章でも書きましたが、何よりも大手ハウスメーカーの営業マンに求められるのは、年間に何棟の契約をとるか、ということです。そして、契約したら次の見込み客、つまり施主様候補のところに行って、あの手この手で契約にこぎつけることに腐心します。だから、契約したお客様のことは頭にありません。そして、何か相談や問い合わせをしても、親身になってと言うにはほど遠い対応です。

家を建てるということは、家が完成して終わりということではありません。そこで何年、何十年も住み続けるわけですから、当然、こまごまとしたメンテナンスが必要になってきます。懇意にしている地元の工務店があれば、気軽に相談に乗ってもらえますが、大手ハウスメーカーでは、そういうわけにはいきません。

いずれにしても家を建てるのは地元の工務店ですから、いかにしていい工務店を選ぶか、ということが、いい家を建てるための絶対条件となります。

繰り返しになりますが、大手ハウスメーカーは自社工場ですでに加工済みの部材を現地に運んで組み立てますから、あっという間に出来上がります。一見、綺麗に仕上がっているので、さすがと感心するかもしれません。しかし、住んでみるとあちらこちらに問題がということが起こりがちで、それに対する十分なアフターケアはありません。

工務店は、年間の可能な受注件数が決まっていますので、スピードでは大手ハウスメーカーの仕事ぶりには負けてしまいますが、丁寧にじっくりと仕上げてくれます。

大手ハウスメーカーは、年間にどれだけ受注するかということを念頭においていますが、工務店はいい仕事をして、地元で「あの工務店はいい仕事をする」という評判が立つように、しっかりした仕事をすることに誇りを持っています。

なぜなら地元で変な評判が立とうものならば、それこそ死活問題で経営は成り立たなくなってしまいます。また、地元にいてメンテナンスもままならない状態ならば、決していい評判は立ちませんから、決しておろそかにはしません。

ひとくちに工務店と言っても、その中身は異なります。大きく分類すると五種類に分けられます。

①設計・施工を行う。各種保証・融資相談にも乗れる工務店。
②分譲住宅会社の施工下請け専門業者。
③ハウスメーカーの下請け専門業者。
④リフォーム専門業者だが、たまに新築住宅を請け負う業者。
⑤不動産会社のように、自社では設計施工をせずに住宅販売を専門としている業者。

このなかで、皆さんにお勧めできる工務店は、①です。後々も安心して付き合ってくれる業者です。

②はいかに大量に早くやるかに特化した業者。③はハウスメーカーの注文に応える形で仕事をこなすところなので、施主様よりはハウスメーカーに顔が向いています。④と⑤は論外です。でも、こういうところでも工務店の看板をあげています。

工務店とは何か

優良工務店を探す前に、そもそも工務店とはどういう仕事をしているのか、知っておいても損はありません。工務店がなんでもできるわけではありません。

工務店とは、大工や左官《さかん》、タイル・レンガ工、サッシ工、内装工などの職人を束ねて、建設工事を請け負う会社です。職人の集まりというと、頑固者の泥臭い人間の集まりのようなイメージを持たれるかもしれませんが、現代の工務店は違います。

専属の設計士を置いたり、設計事務所と連携している工務店も少なくありません。デザイン力やセンスでも大手とも引けをとらない工務店はいくらでもあります。

現状では、この業界は人手不足です。中でも腕のある職人さんが圧倒的に不足しています。したがって、腕のいい職人さんをいかに多く抱えているか。そしてその職人さんを適宜現場に入ってもらい、いい仕事をしてもらえるかという、ある種のプロデュース力を持っている工務店が優秀で、いい仕事ができるということになります。

よい家づくりのためのチェックポイント

では、どういう工務店が優良工務店なのか、いくつかのチェックポイントを挙げておきましょう。

チェック①　何のプロフェッショナルなのか

優良工務店は、他社と比べて自社のセールスポイントを明確にしています。それをチェックすることは簡単です。ホームページや広告、パンフレットや書籍などを見れば簡単に知ることができます。もしも、売りのポイントがなく、一般的に当たり障りのないことで占められていたら、要注意といっていいでしょう。

チェック②　家づくりは設計から始まる

実力のある工務店は、全ての工程に責任をもっています。したがって、設計・施工は自社で行います。仕事の責任を自社で負って、高い品質を求めるからです。設計・施工を下請けに丸投げすることはありません。設計事務所と提携している場合は別として、自社で設計・施工を行わない会社は避けた方が無難です。

チェック③　ポリシーは何か

実力がある工務店は、明確な企業としてのポリシーをもっています。しかも、それは明確であればあるほど具体的です。抽象的で一般的なものではなく、お客様に届く言葉で、具体的に明確にしてあるものです。ポリシーを知って、信頼感が湧くようでなければなりません。

チェック④　リフォームができる技術力があるか

実力がある工務店はリフォームするだけの技術力があります。リフォームできる工務店もピンキリですが、本物のリフォームとは、総合力があるところしかできません。ホーム・インスペクション能力があるか。つまり住宅の劣化や欠陥を診断できる能力を持ち、それに的確に対応できる技術力を持っているところが真の優良店といえます。

チェック⑤　現場をチェック

きちんとした仕事ができる現場は整理整頓もできています。候補の工務店が決まったら現在施工している現場を教えてもらい、見せてもらいましょう。もちろん作業の邪魔をしてはいけませんが、現場の整理整頓ができているか、タバコの吸い殻やゴミが散らかっていないか、ちょっと見ただけでわかります。もしも、現場が乱雑だったら、丁重にお断りしておきましょう。

チェック⑥　長期優良住宅についてきちんと説明できる

工務店の実力を知るためには、長期優良住宅が建てられるか否か、尋ねてみることです。長期優良住宅を建てるためには、工務店に総合力が備わっている必要があります。当然、長期優良住宅について、きちんと説明できます。別に聞いたからといって建てる義務はありません。それをできないレベルでは、いい家は期待できないと言っていいでしょう。

チェック⑦　コミュニケーションがとれるか

施主の希望を聞いて、予算との兼ね合いで、できること、できないことがあります。どれだけ施主の希望を入れてくれるのか。納得できる説明をしてくれるのか。建てる前の意思疎通はとても大切です。打合わせに十二分な時間を割いてくれるか。1回や2回の打合せで、詳しくは契約してから、というようなところは避けてください。一生の住まいとなるものですから、妥協はできません。いい工務店は、お客様とのコミュニケーションは大切にしています。

チェック⑧　歴史はウソをつけない

地元で長くやっている工務店は信用できる仕事をしているという証《あかし》です。それだけ地元に密着して、土地や環境、地盤についても詳しいでしょう。創業から何年もたっていないならば、資格をもっているか、国家資格や地方試験に合格しなければ得られない資格を取得しているか否か、見ておきましょう。

以上のチェックポイントを念頭に置いて、工務店を選んでいけば間違いありません。

この工務店選びこそが、家づくりの最重要ポイントですから、この8項目のチェックを地元の工務店に当てはめて1つずつ確認することを勧めいたします。

第6章

土佐から理想の家づくりを

わが故郷は高知県

私は高知県、須崎市で生まれ育って、この地で工務店を営んでおります。

地元に密着して、お客様の夢を世界で一軒だけのオリジナル住宅として、常に良心的な費用で提供させていただいています。


高知県といえば、読者のみなさんは誰を想像するでしょうか。

多数の偉人を輩出している高知県、土佐ですが、中でも誰でもご存じなのが、幕末の志士、坂本龍馬《さかもとりょうま》です。

司馬遼太郎《しばりょうたろう》の『竜馬がいく』で一躍、全国区のヒーローに祭り上げられたのですが、今では誰もが知る故郷の英雄として、とても嬉しく思っています。

龍馬には数々のエピソードはありますが、中でも有名な言葉に、

「日本を今一度、洗濯いたし申し候」

というのがあります。

頭の固い幕府や役人を改めさせて、日本を開国して、新たな国づくりに進ませよう、との気概が込められた言葉だと思います。

私が本文で何度も触れているように、日本の住宅業界は、国と大手ハウスメーカーによって大きくゆがめられ、国民に一生、快適で安心して住める住まいを提供するどころか、さまざま社会問題を起こしていることに、不安と憤りを感じています。

四国の片田舎で、この業界に身を置き工務店を営んでいる者には大きなことは言えませんが、少なくとも志《こころざし》だけは、坂本竜馬に負けないだけのものは持っています。

私の会社が建ててきた住まいには、施主様が喜んで住んでいただけるものを提供させていただいていると自負しております。

さて、高知県は、四国の中でも少々異質な県だといわれています。

本州や北海道、九州にお住いの方には、「四国の4県は、どこも大きな違いはないだろう」と思われるかもしれませんが、高知だけは違うのです。

交通の便が悪く、「陸の孤島」なる、あまり有り難くない名前を頂戴しています。たしかに高知に行くのは不便だ、と他県からお越しになるお客様からおしかりをいただくことがあります。

そのためか、高知、とくに須崎では、都会ならどこでも見られる大手都市銀行の看板も有名証券会社の看板も見られません。高知県は全国的に見ても低所得の県なので、一般的にビジネスで利益を得ることが難しいところのようです。

そのために大手住宅メーカー、大手ハウスメーカーもあまり参入してきません。全国で最も海抜が低い県で、しかも狭小地が多いために、土地のクセを知悉《ちしつ》して、それに合った建物を低価格で提供できる技術を持たない限り、高知で住宅メーカーとして商売していくことは困難だからです。


高知の人間の特性を少し説明いたしましょう。

男は、「いごっそう」と言われます。

いごっそうとは、負けず嫌いで頑固、一度こうだと決めたら貫き通す性格を言います。

郷土愛が強い人も多く、「土佐の―高知の―……」お国自慢は歌にも現れています。

欠点としては、熱しやすく、冷めやすいタイプが多いともいわれます。

私も「いごっそう」で、郷土愛は人一倍強い人間であると自認していますが、「熱しやすく、冷めやすい」という点は違うように思いますが……。

高知の女性は、「はちきん」と言われます。このいわれは説明しにくいのですが、元気でよく笑い、よく怒る、おてんばさんというほどの意味です。

高知の人間は男も女もお酒をよく飲みますが、女性は酒豪も少なくありません。坂本龍馬の奥さんのお龍さんを思い浮かべればいいかもしれません。天下の坂本龍馬と一緒に何度も命の危機に遭遇しながら、涼しい顔をしていたといわれるお龍さんは、高知女の典型とも思われます。

また、高知の女性は強いばかりではありません。

片田舎に過ごすだけに、都会的なセンスや可愛い物が大好きな女性が多いようです。

高知で商売をするには、高知の女性の好みを理解している必要があるのです。

「おうちシュシュ」というブランド

わが社では「シュシュ」というブランド名を冠した部門の展開をしています。
新築住宅を請け負う「**おうちシュシュ**」。
改築やリノベーションを行う「**りふぉーむシュシュ**」。
家具や雑貨を販売する「**おみせシュシュ**」。
以上の3部門で事業展開しています。

「シュシュ」とは、フランス語で「お気に入り」を意味します。
施主さまご家族が「お気に入りのお家をつくりたい」という思いを形にしてあげたいというわが社の全社員の思いです。そのような思いを込めて「シュシュ」をブランド名に採用しました。

家は毎日の生活の拠点であり、いつも快適な住み心地でなければなりません。
いくら見栄えはよくても、そこに住む人が不便だとか、寒さ暑さが気になるとか、では失格です。

家は、家族が人生の多くの時間を過ごし、そこにたくさんの思い出を刻むところです。特にご主人よりも奥様の方が長くおられる場所ですから、特に設計に当たっては、女性目線を重視しています。

ご主人は、普段は会社や仕事場に行っていて、不在が多いものですが、奥様は長くおられるところですから、できるだけ住みやすく、生活の導線のスムーズな空間づくりを心掛けています。

キッチンや洗面所、バス・トイレなどの水回りは、とくに奥様がいる時間の長い所ですので、使い勝手や心地よさに気をつけています。

通常ですと、多くの工務店は「ご家族の声を反映して設計」と言っても、それは単なるキャッチフレーズに過ぎず、実際には1、2回の面談で設計に入ります。しかも、注文住宅であっても、フリープランと謳《うた》われていても、実際には既存の設計のうえに、ドアの形状や壁の色、クロスの柄を選ぶといったレベルで、本当に施主様のご意向を反映する設計は少ないものです。

しかし、弊社では施主様のお声を徹底的にお伺いしています。

とくに女性の目線、きめ細やかな点を重要視しています。もちろん、予算内でできること、できないことはありますが、それをはっきりさせたうえで、できるだけ施主様、奥様のご意向が反映された住まいづくりをモットーにしています。

ですから、綿密な話し合いをお互いが納得するまで繰り返しますので、ときには10回以上も打合せをすることもあります。

よく申し上げるのは、「お客様と共に創るスクラム」ということで、とにかく設計前には徹底的にヒアリングをしています。

家づくりは、資金計画から始まり、設計プランを検討するのに時間がかかるものです。ですからじっくりと土地選びから、施主様の家づくりに関わらせていただいています。

実際、施主様はなかなか具体的なイメージを持てない場合が多いものですが、はじめて家を建てるのですから致し方のないことです。

施主様にできるだけ取材し、お互い検討を繰り返し、共通した家のイメージを持っていただきます。それを具体的なプランという形で設計図に落とし込みます。そして、最後にそれを熟練の職人さんが形にするのです。私たちはこのように施主様の理想とする家づくりにプロジェクトとして参加しています。

「できないことをできる」ということは決して言いません。「なんでもできます」というようなハウスメーカーの営業マンの話を聞くことがありますが、私どもはできないことは施主様の家づくりにためにならないことをよく知っているので、「できません」と断言するのです。

バカと言われようが、効率悪いと言われようが、弊社の実力は、家を施主様にお渡しする時ではなく、施主様が何年もお住まいになって、「本当にいい家に住んでよかった」と言っていただいた時だと思っています。

地盤のしっかりした土地の基礎ががっちりと作られ、そのうえにシンプルな構造で丈夫な施主様のイメージに適った家づくりを目指しているのです。

建物で最も大事なものは設計です。しかし、どれほど優れた設計であっても地盤が脆《ぜい》弱《じゃく》であったら何にもなりません。

高知は、国内で最も海抜が低い土地です。２０１１年3月11日の東日本大震災でも津波に見舞われています。今日では、そのような教訓を生かして、震災の際にも安全な海抜の高い土地を求められる施主様が多くなっています。

海抜の高い土地は、岩盤がしっかりしていますが、狭小地であったり、下水工事ができなかったり、大型の車両が入れなかったりと、さまざまな問題が起こります。

しかし、地元で長年仕事をしていますと、どこの土地がどのような問題があるから、どのように対応していこうと、解決策がパッパッと浮かんできます。

高知県民は、郷土愛が大変強い県民性があるといいました。それは裏を返せば、よそ者に対しては排他的とも言えます。

かつては大手ハウスメーカーが参入してきたこともあります。

しかし、それほど時間を要さないで、退却していきました。特殊な県民性と低所得、狭小地といった何重もの困難に直面し、撤退を余技なくされたのです。

広くて平らな土地であれば、自社工場で作った規格品の工業化製品を運んで、現地に運べば割安で作ることは可能です。

ところが狭小地で、しかも地盤が固く、通常の規格品を使えず、いつもの工程では施工できないとなると、自社工場で作った規格品が使えなかったり、特殊な工事によって割高になるだけではなく、工程にもさまざまな工夫が必要となります。

それで地元の経験豊富な工務店が長くこの地の家づくりに力を発揮しているのです。

これから必要な耐震設計

日本は地震大国です。

特に近年は、異常気象と相まって、天災が頻繁に起こる大変な時代に突入しています。

台風で屋根瓦が飛んで、家の中は水浸しになったり、タワーマンションの配電施設に水が入って電気が使えなくなり、エレベーターが止まってしまったりと、従来では考えられない災害が起こっています。

2011年3月11日の東日本大震災のような規模の地震が、今後ないということは考えられません。それは、日本の至る場所に起こる可能性があるといいます。

あの地震以降は、施主様が耐震のことを聞かれることが多くなりました。いざという時が、もしも一生に一度でもあったら、それでおしまいです。大切な住まいが失われてしまうだけでなく、家族の命まで危険にさらされるのです。

その一生に一度の「もしも」に備えなければなりません。

私は、耐震診断士の資格を持っています。さらに構造設計も可能です。

正直なところ、耐震設計に必要不可欠なこの2つのことができなければ、耐震に優れた安心できる住まいはつくれません。

大﨑建築では、長期優良住宅の耐震等級3（最高等級）を標準仕様にしており、地震対応のための防震金具も使用しています。

リフォームを考えているなら、耐震性強化を相談してみることをお勧めします。

耐震改修だけよりも割安で耐震性をアップすることができるからです。

また、木造住宅耐震改修工事の場合、自治体から助成金が支給されることがあります。

災害に強いシンプル設計

住宅は何よりも重要なのは設計ですが、イメージのまだできていない施主様に多く見られるのが、複雑な形の家の設計を求めることです。でも、構造的に強いのは、シンプルな立方体です。形が複雑になればなるほど、どこかに脆《もろ》い部分が生まれてしまいます。

シンプルが強いからと言って、単なる四角い箱に屋根を乗っけているような建物では美観に欠けてしまいます。

それでは、厳しい女性目線に耐えられないでしょう。

シンプルな設計は構造的に強力であるとともに、部材の無駄が出にくいので、コスト的にも低く抑えられます。できる限り無駄な出費は省き、耐震強化するとともに、他の災害にも強い住まいを常に心がけています。

ご存知のように高知は台風の通り道です。

毎年、年中行事のように強い雨風が襲いますので、台風の風雨に耐えられる構造を備えていなければなりません。

地震や台風に耐える強度を持つ家づくり。しかし、それだけでは十分ではありません。強く、それでいて美しくなければなりません。何よりもそこで生活される女性目線を満足させるものでなければなりません。

その安心の基礎のうえで、施主様ご家族の理想の家を、できる限り実現させていただこうと設計のポリシーとして、常にその点を心掛けております。

安心の「間取り自由な定額制」

ラグビーの世界大会では日本中が大いに沸きました。「ワン・チーム」という言葉も流行し、日本チームの強い絆が注目されました。

大崎建築では、以前から家づくりはお客様と作り手でともに創る〝スクラム〟だと考えています。ですから、お客様の要望を徹底的にお聞きしています。そして、建築のプロとしての専門知識と経験から、安全、安心の家づくりのノウハウをお伝えし、お互い納得し合いながら理想の家づくりを実現していきます。

最初は明確なイメージが無くても、さて、自分が住む家をつくる具体的な作業に入ると、さまざまな疑問や要望を伝えてこられます。お客様が思い描く理想の家を形に落とし込むために、私どもではコーディネーターを置いて、徹底的なヒアリングを行っています。

より家づくりを具体化し、施主様が好みの家づくりを楽しむためにも、単に間取りだけでなく、カーテン、照明、家具、雑貨までのトータル・コーディネートを行っています。

外見もインテリアもセンスに溢れる住まいは、誰かを招いて見せたくなるものです。とくに奥様のご友人や親類、会社の同僚などを家にお招きして、見ていただきたくなるような住まいづくり——それこそがトータル・コーディネートの賜物です。

しかし、希望が膨らんでくると予算も膨らんでくるのでは、という心配が出てきます。その点を考慮した大﨑建築独自のシステムをご用意しております。

施主様のご心配をなくして、家づくりを楽しんでいただこうとして好評いただいているのが、「**間取り自由な定額制**」です。

定額制を導入することで「プランのたびに価格がどんどん膨らんでしまう」という心配

はありません。後からオプション料金の追加請求書が回ってくることもありません。

明確で安心できる料金プランですので、早期の段階で経費全体が把握でき、安心してご希望のプランを進めていくことができます。


ご家族の「こんなことをしてみたい。あんな風に暮らしたい」という夢をコーディネーターに伝えていただければ、ご要望にそって決められたスペースから、ゼロベースで間取りを起こしていきます。

世の中にある「自由設計」と違って、本当にフリープランニングなので、家づくりのだいご味を存分に味わいながら、夢の実現を叶えることができるのです。

注文はこと細かにうかがう

何度も書きますが、私どもははじめに施主様の要望を徹底的に取材します。

一般的には、ハウスメーカーの人間が施主様の要望を熱心にうかがうのは、契約書にサインいただく前の1、2回しかないでしょう。契約書にサインをいただいたら、話を聞かないようにし、それからの要望は聞いてくれてもオプションとして、後から安くない請求書が用意されるというわけです。

当社では細大漏らさず、施主様からお話をうかがうようにしております。施主様があきれるくらい何度でもお話をうかがいます。それは、お客様の描くイメージをできる限り具体化したいとの思いからでもあるのですが、家づくりという一世一代の人生での大仕事をスクラム組んで一緒につくり上げていくには意思の疎通が最も大事だと考えるからです。

あまりにも熱心にお話をうかがうために、オプションを増やそうとしているのではないかと誤解されるお客様もおられます。しかし当社では、当初に決めた予算の範囲の中で、できる限りお客様の要望に沿うためにお話をうかがうのです。決してオプションを増やして、追加料金をいただこうなどという考えは少しもありませんのでご安心を。

もちろん、予算の範囲ではとうていできない要望をいただくこともあります。その時ははっきり申し上げます。ただ、当社も素人ではありませんので、ただ「今の予算ではできません」というだけではありません。そのイメージに近づけるために、予算内でやるなら、このような方法があります、と代案を提示してご納得いただいています。

家づくりはでき上がって、住んでみてからその結果がわかるのです。そのときに、ああすればよかった、これをお願いすればよかった、といっても後の祭りになってしまいます。そうならないためにも、設計前に、いや契約前に十分施主様と意思の疎通をもって、イメージを共有しておきたいのです。

腕のいい工務店はリフォームもできる

一般的に、新築住宅のメーカーとリフォーム専門とする工務店は住み分けられています。大手ハウスメーカーは必ずグループ内にリフォーム専門の建築会社を抱えています。

リフォーム会社もピンからキリまで技術力には格段の差があります。

リフォームには、驚くべきことに何の資格も必要がないので、杜撰《ずさん》な工事を平気で行う程度の低いところから、きちんとインスペクションという住宅の劣化状況を把握して、欠陥の有無などを診断できるホーム・インスペクション能力のある優良工務店まで、レベルは実にさまざまです。

もちろん、リフォームを依頼されるなら後者を選ばなければなりません。

大手ハウスメーカーのグループ企業だからといって信頼できるかというと、必ずしもそうは言えません。大手ハウスメーカーは、新築段階ですでにリフォームを見込んでいます。ということは、当初からしっかり作りこむということはないわけです。

定期的に建物のチェックを行い、劣化状況を指摘し、リフォームの見積書を提出することが当初より目論《もくろ》まれています。有名だからといって、やみくもに信頼できないのです。

一方、新築からリフォームまで手掛け、しかもインスペクション能力を持つ数少ない工務店なら一生のお付き合いが可能です。

私どもは、一度自社で手掛けさせていただいた住宅に関しては、生涯のお付き合いをさせていただくことを心掛けています。

なによりも、住んでおられるお客様が、「あなたの会社に頼んでよかった」「とても快適な住まいだ」というお言葉をいただくのが最上の喜びだからです。

とくに奥様から、「お友達に自慢できる」「ご近所から素敵なお宅ですね、と言われた」と喜んでいただけるお言葉をいただくこともしばしばですが、そうした時は工務店冥利《みょうり》につきるものです。

リフォームは、建物の構造を把握し、同時に経年劣化の状況を構造全体から把握できなければなりません。そのうえで、建物のどこをどのように補っていけば、長く快適に住むことができるか、的確に判断し、それを確実に行わなければなりません。十分な経験と積年の知識、そして高い技術力が揃って、初めて可能なのです。

プロの工務店とは、的確なリフォーム技術を持っているところである、といっても言い過ぎではないでしょう。

他の工務店から設計を頼まれる

おかげさまで、当社の技術力は高知県内のみならず、近隣の県においても定評をいただいております。時には、他の工務店より設計を依頼されることも珍しくありません。

わが社のブランド「**おうちシュシュ**」では、多彩なプランが提供できます。

無垢材のあたたかみあふれた「北欧スタイルの注文住宅」
シンプル&ナチュラルなオーダーメイドの「洋風注文住宅」
木の力を最大限に生かす和の様式美をちりばめた「木造住宅」
暮らし、子育て、趣味もおしゃべりも楽しむ「ママが主役のオールインワン住宅」
このようなお客様の好み、趣向に合わせた多様なプランがあります。

また、当社の強みは、**女性目線**、**女性の好みを重視**しているところです。

比較的、住まいの居住時間が長く、家のファシリティを使いこなされているのがその家の奥様です。その女性の立場を理解するのは、私など男性ではなかなか理解が届かない点があります。

不動産業界とは、やはり男性が中心で動かしている世界です。そこでは、どうしても女性の視点というものが欠落している点はあります。

私はその点を痛感しまして、**女性の建築士**を複数抱え、女性の志向を設計に反映させていこうと考えました。ですから、工務店として女性の建築士をそろえているのは、業界のなかでも数少ない会社であろうと自負があります。

面白いもので、このような取り組みはすぐに施主様から評判が広がっていきます。この評判を聞きつけた他社から、「お客様の注文に対応できないので、設計を頼みたい」という依頼があり、今では他社からの設計の依頼が少なくありません。

方針として間違っていなかったという確信が持てます。現在では女性の設計士が活躍できる場も増えてきましたが、もっと業界全体に浸透できれば、さらに使い勝手のよい美しく住みやすい家づくりができるのではないでしょうか。それは私どもの願いです。

そのような思いで今日も業務に専念させていただいています。

地域密着のさまざまなイベント

高知県須崎という土地で仕事をさせていただいているおかげで、当社は事業を継続できています。そのため「地産地消」を心がけ、木材の調達ももちろん地元優先です。

構造材には高知県の木材を積極的に使用して、耐久性・耐震性に優れた新築木造住宅からリフォーム、古民家再生まで幅広く手掛けています。

そのためにも、地元とのコミュニティづくりも大切にしています。

毎月の好例となりましたが、デザートや飲み物をいただきながら家づくりの相談を気軽にできる機会を作る「**家づくりカフェ**」を開催しています。

これから家づくりを考えている方がプロから本物の家づくりの知識を学ぶことができる機会はなかなかありません。セミナーや講演会のような堅苦しさがないことで、気軽に参加できるとたいへん評判がいいようです。

お客様が家づくりに関して少しでも詳しい知識を蓄えることが、ひいては業界全体のレベルアップにつながるのではないかと思っています。

むろん地方の小さな会社のやることが、この国全体の業界にどれだけ影響を与えることができるかはわかりません。しかし、諦めて何もしないよりは、たとえ小さな力であっても、同様に考える工務店が各地にできてくれれば、それはやがて大きな力になってくると地域活性のためにも奮闘しています。

そのような「大河《たいが》の一滴《いってき》」になるべく、志は坂本竜馬ばりに大きく持っているのです。

「オリジナル雑貨をつくろう!」をテーマにして、物作りを実際に楽しんでいただく「**ワークショップイベント**」は、とても好評です。

実際にオリジナル家具をつくっている技術力を見ていただく機会でもあり、またお客様にモノづくりの楽しさを体験していただきたいとの思いから始めました。

お子さんやご家族と参加される方も少なくありません。実際にご自分の手でモノづくりを体験すると、モノを見る目が育ち、モノを見る見方が違ってきます。

ご自分がどんな空間にいたらリラックスできて楽しいか。そのような機会にもなっているようです。

当社の協力スタッフが開催する「**チャリティリフォームマーケット**」では、リフォーム商材を卸価格で提供させていただいています。そして、売り上げの一部を寄付させていただく活動も行っています。

よく「おたくは工務店らしくない」というお言葉をいただくこともあります。

地域に密着してこそ、地域に貢献させていただけるものと考えて行っている数々の活動ですから、私が東京で生まれていたら、大崎建築もなかったでしょうし、仮にあったとしても、まったく違った活動を行っていたに違いありません。

高知県須崎市という、ある意味特別な場所にあるために、参入障壁が高く、大手ハウスメーカーが参入できない、という地域特性に守っていただいているおかげで、本当にやりたい住まいづくりをやらせていただいています。

地元との良質なコミュニケーションなくしては、私たちの事業は成り立ちません。地元からの応援をいただいているからこそ、事業活動を行うことができるのです。だから地元に対して何か貢献ができることがあればと常日頃から考えています。

家づくりは施主様とのスクラムで

大﨑建築では、家づくりは施主様と共につくる〝スクラム〟であると考え、ワン・チームとなっていい家づくりを目指していきます。施主様が「理想の家」とするイメージを、どんどん当社のコーディネーターにお話しください。

お聞かせいただければ、コーディネーターが施主様の理想のイメージを形にまとめ、自社の設計士がそのイメージを図面という具体的な形に落とし込み、設計図が完成します。

その設計図をもとにして、熟練の大工さんが存分に腕をふるって、理想の家をつくり上げていきます。

さらには家ができたら、インテリアにもこだわります。世界でひとつしかない家具をしつらえ、それにあった小物も配置して、まるで展示場のモデルハウスと見まがうばかりの「我が家」が出現するのです。


それを実現するためには、大﨑建築にそれを全て可能にするメンバーがそろっていなければなりません。そして「高品質・リーズナブルな価格」を実現できません。どのメンバーが欠けても理想の家を建てることはできません。

また、リフォームも同様で、大﨑建築のメンバーである誇りを持った職人が一部の手抜きもなく、きっちり仕上げます。設計と現場が一体となってチーム施工を行っています。

しかもそのベースには、ホーム・インスペクションの確かな目が行き届いています。

それがあるからこそ大﨑建築のリフォームは定評があるのです。

大﨑建築の自由設計は、本当にゼロベースからお客様の要望をうかがって、決められた広さの中でゼロから間取りを起こしていきます。
ゼロから作り上げていくので、プランが具体的になっていくと、家づくりの本当の楽しさを味わうことができます。

ぜひとも、あなたの家づくりの夢を大﨑建築とともに実現させていきませんか。

あとがき

私が子供のころ、住んでいたのは須崎市の桑田山です。その上に家がありました。週に6日、小学校までの坂道をテクテク歩いて往復90分くらいでした。行きはいいのですが帰りは登坂です。帰り道、時々通りかかった近所の人の車に乗ればいいのですが、毎回そうはいきませんでした。

ふと思います。

「私の母もあの坂道を苦労したんだ」

そう思うと、今更ながら感謝してもしきれない気持ちです。

ご存じのように高知には歴史上の偉人が沢山います。でも、それはほとんど、もしかして全部が男です。竜馬の妻であったおリョウの内助の功は、とても豪快であり、かつ繊細だったそうです。しかし歴史の表舞台にはあまり出てこないようです。

時代が変われど、家事、子育てと、家での主役は妻、ママ、おかあさんです。主役を盛り上げるような舞台でなくては、心地の良い家でなくては笑顔は生まれません。

「陰陽」でいえば「陰」は女性であり、月と太陽であれば月が女性だそうです。

ご存じのように月は海の水に影響を与え、満潮や干潮にします。太陽にはできないことをするのです。女性であるママ、おかあさんには男にはできない能力があります。


「おうちシュシュ」の〝シュシュ〟はフランス語で「お気に入り」という意味です。

ママやおかあさんの「お気に入り」の家という意味なのです。

「おうちシュシュ」はママ、おかあさんへの応援メッセージとして、お役立ち情報を配信しています。あなたとご家族のお気に入りの家のために。


最後に紙面をかりてお伝えします。

まだまだ勉強中の社長についてきてくれているスタッフ、暑い時も寒い時も工事をしてくれている職人さん、丈夫に産んで育ててくれた母、父。

いつも元気をくれる子供たち。そして家を家庭を守ってくれている私の妻へ。

「ありがとうございます。これからもよろしくお願いします」

そしてこの本にご尽力いただいた知道出版、関係編集者に感謝します。

読者のみなさまへ――あなたのお気に入りのために。

「おうちシュシュ」
大﨑 光彦

著者プロフィール
大﨑光彦（おおさきみつひこ）

1974 年、高知県須崎市生まれ。修成建設専門学校建築工学科に在籍中、1995 年の阪神淡路大震災を体験する。開通予定であった「明石海峡大橋」がほとんど影響なかったことで建築のすごさに感銘、耐震構造に注目する。

卒業後、関西圏の建築設計事務所に就職希望していたが阪神大震災の影響もあり、地元高知県の高知県の公共建築、店舗関係の建築士事務所に就職。地元の建築業界の知識と経験を十分に得て、2002 年に一級建築士を取得し、実家の大﨑建築に就職。

2010 年、お客様に「あなただけのお気に入りのおうち」を提供し、好評を得る。女性目線の家づくりが人気となり、デザイン注文住宅「おうちシュシュ」ブランドが誕生。地元の優良工務店として注目される。

現在、大﨑建築代表取締役として活躍中。

https://www.ohsaki-kenchiku.jp/

賢《かしこ》く建《た》てる家《いえ》づくりガイドブック——オシャレな家《いえ》はママ目線《めせん》から！

2021 年 2 月 22 日　初版第 1 刷発行

著　者　大﨑光彦

発行者　鎌田順雄

発行所　知道出版

〒 101-0051 東京都千代田区神田神保町 1-7-3 三光堂ビル 4F

TEL 03-5282-3185 FAX 03-5282-3186

http://www.chido.co.jp

印　刷　モリモト印刷

ISBN978-4-88664-336-0